ATITUDES DE SUCESSO

UM CONVITE À REFLEXÃO
E A HISTÓRIAS INTERESSANTES

EVE PEKELMAN E VALERIA LASCA

ATITUDES DE SUCESSO

UM CONVITE À REFLEXÃO E A HISTÓRIAS INTERESSANTES

Indicadores de sucesso sob o olhar de pessoas na maturidade

José Mindlin – Bibliófilo
Suzana Amaral – Cineasta
Etty Fraser – Atriz
Ronald Golias – Humorista
Adilson Dallari – Jurista
Jô Clemente – Presidente da APAE de São Paulo
Marcos Plonka – Ator
Francisco Petrônio – Cantor
Nydia Licia – Escritora
Jair Rodrigues – Cantor
José Peccinini Petri – Engenheiro
Nelma Bahia – Artista plástica
Grupo Sênior – "A Hebraica SP"
Grupo Serra Azul – Serra Negra
Grupo Feliz Idade – Monte Alegre do Sul
Mauro Salles – Empresário
Inezita Barroso – Cantora
Robertinho do Acordeon – Músico

Casa do Psicólogo®

1ª Edição
2004

Editores
Ingo Bernd Güntert e Myriam Chinalli

Assistente Editorial
Sheila Cardoso da Silva

Produção Gráfica e Capa
Renata Vieira Nunes

Crédito das Fotos
Jô Clemente, por Gal Oppido
Jair Rodrigues, por João Wainer
José Mindlim, Suzana Amaral, Etty Fraser e Eve Pekelman,
por Benjamin Steiner
Grupo Sênior A Hebraica-SP, por Flávio Mello
Nelma Bahia, Grupo Serra Azul, Grupo Felicidade, José Peccinini Petri, Valeria Lasca, por Gerson Cordeiro e Vinicius Cordeiro (Videograph Serra Negra)

Tratamento de Imagem e Conversão
Flávio Mello

Editoração Eletrônica
Nair Fernandes da Silva

Revisão Ortográfica
Cybele Kogan

Revisão Gráfica
Luís Carlos Peres

Dados Internacionais de Catalogação na Publicação (CIP)
(Câmara Brasileira do Livro, SP, Brasil)

Pekelman, Eve
Atitudes de sucesso : um convite à reflexão e a histórias interessantes : indicadores de sucesso sob o olhar de pessoas na maturidade / Eve Pekelman, Valeria Lasca. – São Paulo : Casa do Psicólogo®, 2004.

Vários entrevistados
Bibliografia.
ISBN 85-7396-400-6

1. Atitudes (Psicologia) 2. Conduta de vida 3. Felicidade 4. Pessoas bem-sucedidas 5. Realização pessoal 6. Sucesso I. Lasca, Valeria. II. Título.

04-7997 CDD- 158.1

Índices para catálogo sistemático:
1. Atitudes de sucesso : Psicologia aplicada 158.1
2. Pessoas bem-sucedidas : Psicologia aplicada 158.1

Impresso no Brasil
Printed in Brazil

Casa do Psicólogo® Livraria e Editora Ltda.
Rua Mourato Coelho, 1059 Vila Madalena 05417-011 São Paulo/SP Brasil
Tel.: (11) 3034.3600 E-mail: casadopsicologo@casadopsicologo.com.br
site: www.casadopsicologo.com.br

Agradecimentos

Para todos os que lutam e se comprometem na construção de uma história melhor, sem injustiças e dores inúteis... acreditam na dignidade da vida e na preciosidade do amor. Pessoas com atitudes de sucesso!

A Deus... que ilumina!

Agradecemos especialmente nossos entrevistados:

Etty Fraser, Jair Rodrigues, Ronald Golias, José Mindlin, Nydia Licia, Suzana Amaral, Marcos Plonka, Jô Clemente, Nelma Bahia, Mauro Salles, Inezita Barroso, Robertinho do Acordeon, Adilson Dallari, José Peccinini Petri, Francisco Petrônio, Grupo Sênior e Idade de Ouro da Associação Brasileira "A Hebraica" de São Paulo, Grupo Feliz Idade de Monte Alegre do Sul e Grupo Serra Azul de Serra Negra.

Especial colaboração de Myriam Chinalli, Cybele Kogan, Luiz Cuschnir, Prof. Ricardo Moragas Moragas, Ana P. Fraiman, Arthur Rotenberg, Dorli Kamkhagi, Claudia Colluci, Benjamin Steiner, Flavio Mello, Maria Helena Zilberman, Ellen Boussidan, Luciana Sobral, Bia Henriques, Gerson Cordeiro, Vinicius Cordeiro, Rita de Cássia Baldi Conti e Ângela Adriana Vasconcellos Scachetti, Sheila Cardoso da Silva.

Olhar para trás, na infância, agradeço em especial a Rosa, pela dedicação, afeto e tantas histórias contadas.

Marcelo e Tuto, meus queridos filhos, obrigada pelos momentos de intensa felicidade com que me presenteiam. Por me deixarem escutar e participar da construção de suas histórias, perpetuando o mágico ciclo da vida.

Aos meus irmãos Jairo e Lilian, meus cunhados Carla e Leo, meus sobrinhos, minha mãe Elisa, que unidos em família me trazem tanta alegria e esperança de um mundo melhor.

Ao amigo e companheiro Moacir, com quem compartilho a vida.

Aos meus amigos, estas pessoas mágicas que entram em nossas vidas e que não deixamos mais ir embora. Obrigada por me permitirem fazer parte dos seus sonhos e por me deixar protegê-los.

Meu pai, in memorian, *com aperto no coração e saudades. Mas que me deixou viva a mensagem que sempre vale a pena o caminho do amor.*

Eve

A meu pai, José Lasca, um anjo de cabelos brancos, com quem aprendi a riqueza da escuta das histórias da vida... pelas inúmeras tardes que contava as suas histórias na varanda de sua casa enquanto o sol nos aquecia... A minha mãe, Maria Ignez, por ser um exemplo de vitalidade e dedicação à família... Quando eu nasci meus pais já estavam na meia idade e puderam me mostrar que amor e carinho não apagam velinhas.

Minha filha, Maria Leticia, por ser a maior razão que tento construir uma história digna para contar.

Meus irmãos, Valter, Tadeu e Vivian; cunhados, Ione e Marcus; e sobrinhos, por serem meus grandes cúmplices neste caminho que é a vida.

A meus amigos... tesouros preciosos.

Ao meu grande e querido amigo Carlinhos (in memorian)... por deixar saudades dos muitos momentos felízes... por nos deixar um exemplo de 28 anos de vida com atitudes de sucesso com maturidade.

A Dra. Anita Liberalesso Neri, Dra. Monica Yassuda e Dra. Ruth G. da Costa Lopes, profissionais que marcam a história da Gerontologia no Brasil.

Valéria

"O sucesso não é a chave para a felicidade. A felicidade é que é a chave para o sucesso. Se você ama o que faz, você será bem-sucedido."

Albert Schweizer

Sumário

Apresentação

Nosso olhar para *"As Atitudes de Sucesso"* vem sendo lapidado através dos últimos anos, principalmente pela nossa trajetória profissional e por uma rica pesquisa de campo realizada com inúmeras pessoas que estão vivenciando a etapa de vida da meia-idade em diante.

Este trabalho vai em direção da capacidade que todos temos de sermos bem-sucedidos. Ter sucesso ao longo da vida significa não negar dificuldades ou sua existência e sim desenvolver estratégias internas e externas para enfrentá-las.

Há tempos, o sonho da humanidade era viver mais, o que hoje já é uma realidade. Ganhamos este imenso presente de poder usufruir mais tempo de vida. Cada um à sua maneira investe este bem precioso a seu dispor. Encontramos, em nossos caminhos, pessoas na maturidade da vida, com imensa vitalidade, ávidas por realizações, corajosas, determinadas por sua fé e esperança, dotadas de uma força interior imensa, enfim, sujeitos de suas ações. Estão retratadas em suas histórias de vida experiências imensamente importantes, que podem nortear o percurso de tantas outras vidas, convidar as gerações futuras a refletir sobre os caminhos conhecidos para o sucesso e felicidade. O objetivo do ser humano é ser feliz, independentemente da idade, nas diversas esferas da vida: amor, trabalho, relações familiares, de amizade e financeiras. O caminho para esta estabilidade e conquista é singular; esta é a beleza da vida. Mas instrumentos para auxiliá-lo podem ser conhecidos, investigados e compartilhados.

Convidamos você a refletir conosco, dialogar ao longo deste livro e ouvir histórias interessantes de pessoas que brava e lindamente acreditam sempre no nosso mais precioso bem, a vida.

Desejamos que tenha um amigo, um familiar ou um grande amor para compartilhar estas histórias e também a sua história. Nosso caminho é individual, mas dividi-lo e ter cúmplices é maravilhoso.

EVE PEKELMAN E VALERIA LASCA

Prefácio

Mais de 30 anos se passaram tratando pessoas com diferentes características e aprendi que conceitos tão simples como "ser homem" ou "ser mulher", se transformam em grandes complicações para serem definidos com paradigmas atualizados. O que valia para uma década atrás, já não se aplica mais.

Outros papéis que desempenhamos vão se somando a estas complicadas definições: papel de pai, de mãe, de filho, de filha, de médico etc.

Agora, padrões conceituais mais discutíveis estão perambulando por aí, suscitando dúvidas como os de amadurecimento, do envelhecimento, da dignidade, de respeito etc. Suas definições abrem uma série de questões que valem a pena parar, ampliar e reconsiderar. O que é ser velho? Idoso? Ultrapassado? Antigo?

Um dos parâmetros para a avaliação em que etapa o indivíduo se encontra, como lida com os tempos de verbo passado presente e futuro é o sucesso.

Pensando no ser bem-sucedido nesses papéis que apontei acima (começando por ser um homem ou mulher de sucesso), provocamos importantes questionamentos em cada um de nós.

Se alguém se pergunta: O que fui? O que tive? Como estou vivendo? O que já vivi? Conquistei o que?

Outros podem questionar o que compraram, quanto dinheiro juntaram ou qual função profissional chegaram.

E ainda alguns quantos anos ficaram casados, quantas namoradas ou namorados tiveram, ou filhos criaram.

Estes seriam mesmo os melhores indicadores para se avaliar uma vida?

Vamos ver aqui neste livro como tantas personalidades brilhantes puderam recuperar suas memórias e perceberem o que privilegiaram em suas vidas. Uns, mais a família, outros a comunidade, outros um social mais amplo, valores morais ou religiosos, utilizando a sensibilidade pessoal, o "empreendedorismo". A resiliência, tão oportunamente apontada aqui, é um fator comum a eles todos: superação das dificuldades.

Um homem ao precisar se definir como tal, se equivoca se só se baseia em quantos imóveis comprou ao longo da vida. Parâmetros masculinos atualizados impõe uma avaliação mais ampla e mais profunda para qualificá-lo.

Quando uma mulher se define por ser mãe ou profissional de carreira, pode também sentir-se incompleta. Ela resgata o seu crescimento, avalia o seu desempenho social ou intelectual e vai agregando uma "multiplicidade de olhares" que lhe darão valor.

Nos grupos de amadurecimento do Gender Group do Serviço de Psicoterapia do Instituto de Psiquiatria do Hospital das Clínicas da Faculdade de Medicina da Universidade de São Paulo, onde desenvolvo trabalhos com a minha equipe, estou sempre procurando resgatar homens e mulheres da conotação depreciativa de "velhos", vítimas da idade avançada, pessoas que só estão esperando morrer. Retomar o passado, constatar o presente e preparar um futuro.

Amadurecer, diferentemente de envelhecer, pressupõe transformações. Transformar vai desde provocar algum movimento nos outros como em si mesmo. Buscar algo novo, apreender, criar, seja fora como dentro, propicia uma maneira diferente de viver a vida.

Mas isso é só para ter mais sucesso?

Em quê? E levar para onde?

Até onde vamos persegui-las?

Para dentro de si, interiormente, na essência de cada um. Aqui está o lugar onde se checa o sucesso.

Na somatória de atitudes que cada um vai construindo na sua existência, durante várias décadas, percorrendo uma série de atividades exercidas indicadas pelos bem-sucedidos neste livro.

Quem pode começar a avaliar isso? Só mesmo quem participou de algo, de muitos eventos, de inúmeras experiências. Aí sim vai resgatando, reconsiderando, retomando.

Essa é a única possibilidade que temos de revalidar o que foi, o que passou, analisando e compondo com o que vem pela frente.

Por esse caminho percorre esta obra, que tão bem Eve Pekelman e Valeria Lasca nos brindam com tantas apresentações de personalidades distintas.

Degustem, aproveitem, utilizem estes que nos indicam como percorrer esta viagem tão deliciosa que é a vida de todos nós.

LUIZ CUSCHNIR
Psiquiatra e psicoterapeuta
Autor de diversos livros e precursor no Brasil do Gender Group – Grupos terapêuticos de homens e mulheres
Além de sua clínica particular e do Hospital das Clínicas, trabalha em empresas e em instituições como consultor

Apresentação do Livro por Especialistas

O sucesso na maturidade, aprendemos revendo nossos conhecimentos. Todos somos professores da aula de nossa vida e assim melhoramos nossas competências, na reavaliação diária até a plenitude.

O conceito é que, se revisarmos com cuidado nossas experiências de vida, a cada ano transcorrido, teremos condições de sermos melhores. Trata-se de converter a própria experiência vivida em fonte de melhora pessoal para nosso bem-estar e dos que nos rodeiam.

Neste contexto fica implícito que, na maturidade, conta muito mais os aspectos humanos e sociais entre as pessoas que o saber de qualquer outra natureza. Isto proporciona condições aos mais velhos que, às vezes, ficam defasados tecnologicamente, ou pela falta de informações técnicas.

Tais conhecimentos humanos e sociais podem se adquirir, e para tal, utilizo a comparação de que devemos ser alunos revisando nosso saber, assim como professores que nos cobram cada dia melhores condutas. Formalmente trato de situar a cada pessoa que amadurece como um professor que examina sua experiência e como um aluno que recebe sua avaliação. Esta será boa se nos aperfeiçoarmos como pessoa.

O sucesso só será alcançado se formos melhores a cada dia para nós e para nossos semelhantes.

RICARDO MORAGAS MORAGAS
Doutor em Direito
Diretor do Máster em Gerontologia Social (MGS)
da Universidade de Barcelona, Espanha.

É um livro democrático em sua política e justo em sua filosofia. Coloca em pé de igualdade tanto a sabedoria de vida dos mais estudados e renomados quanto a dos mais simples. Mostra que todos temos origens humildes, as quais só podem ser enriquecidas pelo trabalho humano perseverante e pela sensibilidade refinada.

Revela, também, que a nossa grandeza está nas diferenças de origem e de atuação, mas que são as semelhanças de princípios e valores morais elevados, que conferem à vida de qualquer um de nós, o maior e mais belo significado.

ANA PERWIN FRAIMAN

Psicóloga. Diretora geral da Faculdade Aberta da Maturidade.
É consultora empresarial para Programas de Preparação para Aposentadoria e Pós-Carreira

I— Conceitos Sobre Indicadores de Sucesso

"Mesmo as noites totalmente sem estrelas podem anunciar a aurora de uma grande realização."

Martin Luther King

Como você considera sua vida? Você é uma pessoa bem-sucedida?

Sucesso para você é um dom que algumas pessoas possuem e outras não? Sucesso é ter tudo o que se quer?

Tenho dinheiro, amigos etc, mas falta um amor! Tenho um amor mas falta dinheiro!

Você conquistou o que queria, mas sente um vazio?

As pessoas imaginam que você é feliz, mas não é verdade?

O tempo vivido e as experiências conquistadas com sucesso parecem não valerem mais para o momento atual? E agora, o que eu quero?

Os questionamentos acima são os que ouvimos com freqüência em nosso trabalho. São de pessoas que buscam externamente o sucesso, que o atribuem a uma esfera da vida, que consideram o "ser bem-sucedido" como uma condição e não uma conquista. As mais de 150 pessoas na fase da maturidade entrevistadas por nós, em grupos e individualmente, pelas experiências vividas, encontraram respostas a muitos destes questionamentos. Procuramos respaldar a escuta empírica destas entrevistas em uma luz teórica que fundamenta este trabalho. Neste primeiro capítulo realizamos uma breve pesquisa sobre as faces do sucesso. Nosso objetivo também é mostrar que existem indicadores de sucesso que facilitarão na direção de escolhas mais bem-sucedidas.

A importância das "crenças de auto-eficácia"

Eu tenho capacidade para ter sucesso?
Eu mereço?
Eu nasci para ter sucesso?

Atualmente, pesquisas mostram que os julgamentos que temos de nossas capacidades e ações são fundamentais para nossas realizações e sucessos. Pessoas com crenças positivas de sua auto-eficácia apresentam melhores resultados que pessoas com crenças negativas.

Segundo West, Berry (1993), os sucessos são determinados pelo senso de auto-eficácia que uma pessoa tem de si mesmo. O senso de auto-eficácia pode ser definido como o *julgamento* que as pessoas fazem de suas *capacidades* para organizar e executar os cursos de ação para diferentes tipos de desempenho. É a confirmação do senso de competência e confiança pessoal que temos para a realização de uma tarefa, a qual é mutável, dinâmica, influenciada pelo contexto social e por determinantes situacionais. É desenvolvido quando o indivíduo tem uma habilidade para realizar uma atividade e, depois de reconhecido por tal, sua crença neste domínio é reforçada. Ao longo da vida, mudanças ocorrem em diversos domínios das crenças de auto-eficácia.

As crenças de nossas capacidades e potencial para superar dificuldades são fundamentais para nosso posicionamento frente a diferentes situações na vida. Se eu acredito que vou ter dificuldade para aprender a andar a cavalo, nem entro numa escola de equitação. É claro que você pode começar e não gostar ou não se identificar, mas o importante é que acredite e tente. Temos que tomar uma posição ativa e nos responsabilizarmos pelos nossos sucessos, limites e ações.

Na escolha de uma carreira profissional, por exemplo, a posição ativa é fundamental. Atualmente, o chamado modelo clínico de orientação vocacional mostra que, diferente da orientação estatística baseada somente em testes que indicam a carreira a seguir, é importante um processo mais complexo para a escolha profissional. A pessoa que busca a escolha assertiva de sua carreira profissional tem que se conhecer através de testes e assim reconhecer suas aptidões. Mas também deve conhecer seus interesses, o que gosta de fazer, as habilidades que terá que desenvolver, estar ciente dos prós e contras de carreiras e, então, fazer a escolha. A boa escolha profissional está em ter uma atitude ativa com relação ao processo de como escolher na vida (Bohoslavsky, 1987).

As crenças que uma pessoa tem de si mesma podem ser modificadas. A figura a seguir mostra o modelo de origem e os efeitos dos julgamentos de auto-eficácia. Podemos observar os fatores de origem da auto-eficácia; em seguida, seus efeitos e a influência dos fatores destes para o desempenho (West, Berry,1993) de uma pessoa. Por exemplo, se você tiver motivação interna terá um conceito positivo de sua auto-eficácia; quando escolher uma tarefa para realizar vai acreditar que a realizará bem, e o seu desempenho será positivo.

ORIGEM		EFEITOS	
⇨EXPERIÊNCIAS ⇨PERSUASÃO SOCIAL ⇨OBSERVAÇÕES ⇨MOTIVAÇÃO	AUTO-EFICÁCIA	⇨ESCOLHAS DE TAREFAS ⇨PERSISTÊNCIA ⇨APROXIMAÇÃO OU AFASTAMENTO DE TAREFAS	DESEMPENHO

“Conheça a ti mesmo” — Sócrates

Conheça suas crenças e conceitos que tem de si mesmo e troque as negativas por positivas. Numa técnica de dinâmica de grupo que usamos em empresas, fixamos na testa dos participantes um papel com rótulos (sem falar para a pessoa qual rótulo está fixado): triste, alegre, engraçado, entre outros. Em seguida, as pessoas circulam na sala e o grupo responde ao rótulo que está fixado na pessoa. Depois de um tempo, a pessoa passa a se comportar como o rótulo, mesmo sem saber o que está escrito. Mostramos através desta técnica como somos influenciados pelo ambiente e passamos a responder às suas exigências, apropriando-nos destes rótulos como verdades sobre nossa essência e personalidade. Temos que nos conhecer para mudar os rótulos que não nos pertencem ou nos fazem mal.

Através da mudança de crenças de auto-eficácia podemos acreditar que o ser humano tem potencial para promover melhorias em seu dia-a-dia e buscar mais qualidade de vida. O sucesso passa a fazer parte de você quando você melhora a qualidade do seu cotidiano.

A busca por "qualidade de vida"

– Sucesso é ter fortuna?
Você tem muitas propriedades, mas sente um vazio?
Tenho amigos, mas não consigo ganhar dinheiro!
Você trabalha e não tem tempo para os filhos o para a sua esposa/marido?
– Tenho tudo materialmente... mas falta alguém... um amor para compartilhar!

Pesquisas indicam que nossa vida precisa de qualidade para sentirmos que atingimos o sucesso. Isto significa equilíbrio nas esferas da vida, como trabalho, lazer, amigos, vida amorosa, filhos, família, finanças e espiritualidade. A distribuição de tempo dispensada a cada uma destas esferas é altamente individual e exige autoconhecimento.

O sucesso é fortemente influenciado pela crença de auto-eficácia e está intimamente vinculado à qualidade de vida. A qualidade de vida envolve aspectos altamente individuais. Temos que avaliar como somos, o quanto acreditamos em nós mesmos e o que nos deixa feliz. Senão, patinamos na vida e no tempo. O filme "Feitiço do tempo" (Harold Ramis – 1993) um repórter meteorológico (Bill Murray) recebe um feitiço que passa a acordar todos os dias na mesma data, repetindo inúmeras vezes os encontros e a rotina. Ele só consegue romper este feitiço quando entra em contato consigo mesmo. Começa a perceber e se sensibilizar com as pessoas que estão ao seu redor. Ele passa a ser uma pessoa melhor e mais centrada. Se não permitirmos este movimento interno, ficamos fora do eixo, buscando algo que nunca saberemos o que é.

Atualmente, "Qualidade de vida" é uma expressão incorporada no nosso cotidiano, entendida de formas diferentes. Um dos grupos que se tornaram referência sobre o tema é o grupo de Qualidade de Vida da Organização Mundial de Saúde (OMS) – Whoqol Group (World Health Organization Quality of Life Group). Segundo esse grupo:

Qualidade de vida é a percepção subjetiva do indivíduo sobre sua posição na vida dentro do contexto da cultura e dos sistemas de valores em que vive e com relação aos seus objetivos, expectativas, padrões e preocupações (Alleyne, 2001 in Rolin e Forti, 2004).

Qualidade de vida é um fenômeno que envolve vários aspectos e esferas da vida. Quando avaliamos qualidade de vida, são consideradas condições objetivas e subjetivas.

As condições objetivas são as condições físicas do ambiente: a disponibilidade de serviços de saúde, lazer, educação; o nível de renda; as características da rede de relações de apoios e as condições de trabalho.

As condições subjetivas são verificadas de modo indireto, a partir de auto-relatos dos indivíduos e de suas opiniões e sentimentos.

Alguns pontos são interessantes quando observamos que qualidade de vida, diferente do que muitos de nós diríamos, é mais que uma boa casa e uma boa aposentadoria.

Qualidade de vida envolve aspectos subjetivos, ou seja, as emoções diante dos fatos objetivos. Considerar minha vida com qualidade envolve fatores multidimensionais e individuais; meu olhar para o mundo e minha percepção e sentimentos com relação ao que vejo. A literatura mostra que o bem-estar subjetivo, um dos indicativos de qualidade de vida, não declina com a idade. Mesmo existindo perdas concretas na velhice, o ser humano pode manter o bem-estar psíquico (Neri, 1995).

Qualidade de vida é mais que bens materiais. Envolve o propósito de vida de uma pessoa, desejos de si e dos outros. Ao longo da vida, as necessidades mudam em função de mudanças físicas, sociais e psíquicas.

Teorias psicológicas das fases da vida

Eu tenho um bom emprego, mas estou infeliz!

Há vinte anos, eu queria uma casa. Hoje não basta, sinto falta de me dedicar a alguém ou a uma atividade voluntária!

Tenho uma boa esposa!

Você tem tudo isto, mas...!

Teorias da psicologia apontam que o desenvolvimento psicológico do ser humano é mutável. Em algumas fases da vida temos algumas necessidades e em outras fases essas necessidades alteram-se. Portanto, a qualidade de vida é subjetiva e depende do momento vivido por cada pessoa.

Vários teóricos da psicologia mostram que na idade madura existe uma mudança de necessidades. Quando já temos satisfeitas as necessidades básicas de segurança e sobrevivência, ficamos disponíveis para outro tipo de investimento: os da alma e da preocupação com o outro. O psicólogo Abraham Maslow (1908-1970), em sua teoria de personalidade, descreve o desenvolvimento humano como uma pirâmide. Segundo ele, à medida que satisfazemos algumas necessidades, surgem outras: fisiológicas, amorosas, afetivas, de segurança e auto-realização (Fadiman, Frager, 1979).

Porém, devemos ter condições ou suportes sociais para esta evolução de mudanças de necessidade. Isto nós sabemos. Quando estamos com fome, fica mais difícil trabalhar ou namorar. O filme "O Pianista" (Roman Polanski – 2002) emocionou-nos muito, e entre muitas reflexões que fizemos após assisti-lo, uma foi com relação ao nível de privação. No começo do filme, o personagem principal (Wladyslaw Szpilman, vivido por Adrien Brody) iniciava um flerte com uma moça. No decorrer de sua história, a carência extrema de comida e roupas quentes privaram-no tristemente de investir ou sentir necessidade de uma relação amorosa. A motivação ou necessidade era a de sobrevivência, de comer e se esquivar do frio. É terrível uma sociedade que priva o ser humano do seu desenvolvimento normal, limitando-o a lutar por sua comida e abrigo.

Segundo a teoria psicossocial do ciclo de vida de Erikson, em cada fase da vida temos dilemas que, em função do contexto social em que o indivíduo está inserido, terão um desfecho. Para Erikson o ser humano possui oito fases. Em cada fase emergem conflitos do ego (eu) que, quando superados de maneira positiva, possibilitam o crescimento. Veja o quadro abaixo:

IDADE	CONFLITO DO EGO DO EGO	VALOR EMERGENTE
Fase bebê	Confiança x Desconfiança	Esperança
Infância inicial	Autonomia x Vergonha e dúvida	Domínio
Idade do brinquedo	Iniciativa x Culpa	Propósito
Idade escolar	Trabalho x Inferioridade	Competência
Adolescência	Identidade x Confusão de papéis	Fidelidade
Idade adulta	Intimidade x Isolamento	Amor
Maturidade	Geratividade x Estagnação	Cuidado
Velhice	Integridade x Desespero	Sabedoria

Erikson analisa as implicações da resolução de vários conflitos ao longo da vida. Na idade adulta, por exemplo, o amor é resultado da superação de um contato isolado que não permite um olhar empático para as necessidades e desejos de outras pessoas. Quando a pessoa olha para o "outro" consegue uma intimidade que possibilita que a vida amorosa e outras relações sejam mais consistentes e afetivas.

A maturidade, muitas vezes, permite um olhar mais compreensivo e sábio para a vida. Isso faz lembrar uma situação muito pessoal, vivida por uma de nós. Há menos de quatro anos, eu, Valéria, estava acompanhando meu pai numa internação hospitalar. Ele já estava há dias internado e eu e meus irmãos revezávamos todos os dias e noites. Um dia, perguntei a ele o que significava "ser feliz". Ele me disse que era o que ele vivia naquela circunstância de sua vida: os filhos unidos e uma possibilidade de melhora. Ele não falou de grandes viagens ou imóveis, mas de algo simples, de uma "grande pequena" coisa da vida, harmonia. É claro que o aspecto concreto (financeiro e material) nos fornece uma base para usufruirmos tranqüilamente as relações afetivas, mas é esta capacidade subjetiva de olhar e valorizar a vida que faz a diferença.

As mudanças internas ao longo da vida possibilitam que o ser humano cuide de si mesmo, revise necessidades e o significado da vida, de seus desejos, e que, com o tempo, naturalmente, tenha um olhar externo. O sucesso está vinculado a um propósito maior de vida, a uma missão, que abrange o outro e o mundo. Estas possibilidades estão intimamente ligadas à personalidade do indivíduo, a marcos pessoais vividos, e a condições e oportunidades socioculturais. Outro dia, uma pessoa muito querida nos perguntou como poderia realizar um trabalho voluntário. Ele havia superado um problema importante de saúde. Percebemos que seus valores e necessidades tinham mudado, que estávamos diante de alguém melhor, com necessidades mais grandiosas.

O desenvolvimento psíquico e os acontecimentos significativos da vida fazem com que exista um desejo de deixar algo para o mundo e continuar vivo através desta realização, seja um trabalho, um filho, um livro, o início de um projeto social, entre outros. Estamos falando de Geratividade.

A Geratividade é um tema central do desenvolvimento na vida adulta e na velhice. É um indicador de maturidade nos anos de meia-idade, que está associado ao ajustamento psicológico. Geratividade é uma necessidade interna de garantir a própria imortalidade, de ser necessário e de passar o bastão para a geração seguinte, tanto no sentido biológico quanto cultural (Erikson, 1963 In Neri, 1995).

Estas diferentes necessidades dependem do *self* (eu). A continuidade do *self* é mantida ao longo de toda a vida. Para o ser humano continuar vivo, desejando e preservando sua existência, é fundamental manter e recuperar sempre o equilíbrio. Um aspecto essencial do bem-estar psicológico é, assim, a capacidade de acomodação às perdas e de assimilação de informações positivas sobre o *self*. Em toda a vida preservamos a capacidade de desenvolver estratégias compensatórias de natureza emocional, que nos permitem manter o equilíbrio. Esta é a capacidade humana psicológica de resiliência.

Resiliência

> Meu amigo perdeu o emprego e conseguiu superar. Eu não tenho motivos e estou mal!
> Eu não consigo!
> Eu não vou superar!
> Acho que vou desistir!

Resiliência é um termo que surgiu da física, caracterizado pela possibilidade de um material como o elástico ser esticado e voltar à sua forma original. Na psicologia, o conceito de resiliência originou-se da psicopatologia da infância e adolescência. É a capacidade de manter a satisfação ou minimizar a perda de satisfação na presença de fatores de riscos somáticos e socioeconômicos. É ainda a possibilidade psíquica positiva (que difere em cada um) de responder ao estresse e às adversidades da vida. De uma forma resumida, divide-se em dois fenômenos: a manutenção do desenvolvimento normal diante de riscos e prejuízos e a recuperação do funcionamento normal depois de experiências traumáticas.

Sarita Kramer, amiga e educadora sempre cita esta frase: *O fundo do poço não deve ter um ralo, mas, sim, uma mola que nos leve para cima.*

Existe um estereótipo negativo ao longo da vida, de que nos tornamos mais deprimidos e descontentes. Estudos mostram que existem mecanismos de proteção que mantêm o bem-estar ao longo da vida mesmo diante de eventos estressantes – físicos e socioeconômicos. A resiliência é uma possibilidade de plasticidade do ser humano. Embora tenha limites e altere-se ao longo da vida, é uma característica psíquica que o homem pode desenvolver independente da idade.

No filme "O Sol da Toscana" (Audrey Wells, 2003), Frances Mayes, protagonista interpretada por Diane Lane, mostra uma mulher sofrendo a dor da separação conjugal, e ajudada por uma amiga viaja em busca de *resiliência*, se recuperar e voltar a acreditar e viver. Filmado num lindo cenário na Toscana, Itália, ela, entre muitas reflexões e frases de dor e alegria, em uma fala coloca que mesmo quando nos sentimos no final, uma sensação de que não temos mais chance, algo pode acontecer... Muitas vezes na vida quando passamos por uma situação muito difícil e nossa alma dói, não temos forças para continuar, mas podemos.... sempre!

O sucesso é conquistado e/ou mantido se nossos medos internos e adversidades da vida forem superados. Para conseguirmos enfrentar as dificuldades internas e externas temos que usar estratégias conhecidas na literatura como *Copping.*

Estratégias de enfrentamento (*Coping*)

Como conseguir?

Por onde começar?

As estratégias de enfrentamento (*coping*) podem ser divididas em assimilativas (pessoas que mudam a si mesmas) e acomodativas (quando se espera a mudança do outro). Elas podem ser positivas, como usar a confiança, o humor, recorrer a um suporte social até a perda de significado ou negativas que a pessoa chega até a desistência de viver (Staudinger, Freund, Linden, Maas In Baltes An Mayer, 1999).

Ao longo da vida as pessoas podem recorrer a estratégias para lidar com fatores estressantes, todas podem ser aprendidas, mantidas e alteradas em função das mudanças individuais e sociais. O suporte social (relações pessoais) é um grande facilitador de coping, principalmente na idade madura, quando as pessoas estão mais expostas a perdas e pressões de diferentes naturezas. Outros recursos são importantes como estratégias de enfrentamento as adversidades da vida: Saúde e energia (bem-estar físico), crenças positivas, envolvimento com amigos e familiares possuem uma qualidade motivacional, habilidades sociais e resolução de problemas (analisar a situação, refletir e solucionar dificuldades) e recursos materiais (Goldstein in Neri, 1995).

De fato, ao longo da vida, enfrentamos situações sofridas em diferentes áreas. O que faz a diferença é como lidamos com elas. Ivonilde Cerqueira, 56 anos, três filhos e três netos diz que "superar crises é visualizar vitórias dentro dos problemas... e não fazer dos problemas uma derrota em sua vida". A pessoa bem-sucedida enfrenta as crises e, mesmo nos momentos tristes, acredita que vai conseguir ultrapassá-las. Hoje, numa sociedade de descartáveis, não desenvolvemos a capacidade de tolerar. Para superar qualquer dificuldade temos que tolerar e entender a situação. Aprender a respeitar o tempo e fazer da crise uma oportunidade de crescimento. Crise no ideograma chinês significa perda ou oportunidade. Temos que desenvolver nossa capacidade psicológica de resiliência e superar as dificuldades. Superar muitas vezes exige mudanças.

Crises, oportunidades, motivação (quais são os motivos?) e mudanças... Crie oportunidades!

Ken O'Donell, coordenador da América Latina da Associação Brahama Kumaris (ONG filiada às Nações Unidas) mostra, através de um conto, que, muitas vezes, temos que provocar mudanças nas nossas vidas.

A águia da bandeira americana vive quarenta anos. Para viver mais quarenta ela tem que bater o bico numa pedra até ele cair; um novo bico nasce e com ele arranca todas as unhas para nascerem novas unhas. Com a unhas, arranca todas as penas e assim está pronta para viver mais anos.

Muitas vezes esperamos mudanças mágicas. Algumas vezes elas acontecem, mas mesmo estas têm que ser cuidadas e as outras enfrentadas com maior empenho. O livro *Quem mexeu no meu queijo*

(Spencer Johnson – 2001) conta a parábola de ratos e homenzinhos. Nos mostra que muitas vezes temos que ter flexibilidade, mudar o padrão e procurar soluções diferentes para as necessidades.

Morre lentamente quem se transforma em escravo do hábito, repetindo todos os dias os mesmos trajetos, quem não muda de marca, não se arrisca a vestir uma nova cor, ou não conversa com quem não conhece. Pablo Neruda

Ao longo de toda vida podemos provocar e conseguir nos superar mesmo diante do processo de envelhecimento que assusta muitas pessoas. O envelhecimento não é apenas a velhice, do mesmo modo que uma viagem não se restringe a uma de suas etapas. O envelhecimento é um processo irreversível, que se inscreve no tempo entre o nascimento e a morte do indivíduo. Na língua francesa, a palavra "viellissement" começa com "vie". Com isto, o psicanalista francês Jack Messy sugere que o envelhecer é a própria vida. A civilização moderna tende a fazer do envelhecimento um sinônimo de perdas, mas, hoje, estudos mostram que existem ganhos também na velhice. E segundo a psicanálise, a perda de um objeto investido deixa livre a libido (energia psíquica), que possibilita a aquisição de um novo objeto investido desta energia. Neste ponto de vista, o ser humano possui a capacidade psicológica de perder, elaborar as perdas e estabelecer novos vínculos.

Somos responsáveis pela forma que conduzimos nossas vidas e pelas escolhas que fazemos. Colhemos os frutos que plantamos.

A vida é um edifício misterioso que levantamos com as nossas próprias mãos e que deverá nos servir de moradia. Victor Hugo

Construindo o caminho para o sucesso

Sucesso não é o destino. A jornada e o significado para o sucesso estão em cada um de nós e são subjetivos. Entrar em contato com nossos sonhos, o autoconhecimento, e não colocar o foco no desejo do outro, mas dentro de si, tudo isso é o que permite a real sensação de sucesso. Os bens materiais são um dos componentes do sucesso, que também inclui saúde, energia, entusiasmo pela vida, relacionamentos compensadores, liberdade criativa, estabilidade física emocional, bem-estar e paz de espírito (Deepak Chopra,1994).

Segundo Ken O'Donell (1996), todos temos as boas virtudes que nos conduzem à felicidade, mas o cotidiano faz com que nos afastemos de nós mesmos e acabemos ofuscando nossa essência. Para resgatarmos nosso propósito de vida temos que entrar em contato com nosso interior.

Os indicadores de sucesso mostram que devemos ter crenças de auto-eficácia positivas, que impulsionem as nossas ações. As necessidades e o propósito de vida devem ser conhecidos através de uma importante reflexão e autoconhecimento, que irão indicar como devemos articular nossa vida para termos mais qualidade de vida. Para manter o bem-estar conseguido com a melhoria da qualidade nas esferas da vida, temos que desenvolver a capacidade de tolerar, superar as crises e provocá-las, se necessário.

O sucesso está na vida diária. É um processo e pode ser construído se entendermos que depende de nós, do autoconhecimento e de uma soma de experiências e atitudes. As histórias de vida das pessoas que nos rodeiam podem nos auxiliar a entender e traçar este percurso. *Sucesso na vida é perceber o valor das coisas.*

II — Histórias Interessantes

No nosso cotidiano a palavra que mais ouvimos é correria. Estamos o tempo todo correndo para não atrasar, para pegar os filhos, os netos, o cachorro e algumas vezes nem sabemos ao certo qual o motivo, mas temos que correr. Quando perguntamos a um amigo como está, mesmo que esteja bem, vai falar de uma rotina atribulada.

Nosso objetivo não é mudar a modernidade. Sabemos que existe um contexto histórico e cultural que possibilita e determina a forma atual de relacionarmo-nos e conduzirmos nossa vida. Nossa proposta é convidá-lo a ouvir e, mais do que isto, a desenvolver o hábito de escutar histórias de pessoas que estão à sua volta, mas que pelo limite de tempo não está sendo possível. Você pode ter tempo, se tolerar, parar e aprender que algumas destas histórias podem facilitar seu caminho e dar força em algum momento mais denso ou simplesmente ouvir histórias interessantes que você possivelmente também tenha para contar ou está construindo agora no meio da atribulada agitação do dia-a-dia. A sua história depende de você, dos seus desejos, pensamentos e atitudes.

Ouvimos, ao longo de nosso trabalho, histórias que nos emocionaram, que nos fortaleceram e tornaram-nos, hoje, pessoas melhores. Compartilhamos com você algumas destas histórias de vida.

Podemos observar que cada entrevistado trilhou um caminho que envolveu escolhas que geraram alegrias, tristezas, erros e acertos. Nada é definitivo ou mágico. Podemos mudar a cada momento nossos rumos, rever nossos planos, aceitar as adversidades da vida e ter coragem para acreditar sempre nas possibilidades da vida.

Grupo Sênior da Associação Brasileira "Hebraica"

Grupo Sênior da Associação Brasileira "Hebraica"

Grupo Sênior da Associação Brasileira "Hebraica"

1. Grupo Sênior da Associação Brasileira "A Hebraica" de São Paulo

Resiliência

Reunimo-nos com cerca de quarenta pessoas, a maioria na fase da maturidade. Conduzimos a reflexão utilizando uma técnica de dinâmica de grupo a qual permitiu que vários depoimentos e experiências fossem compartilhados. Foi um imenso prazer conhecer belas histórias de crises e superações.

Contaram de seus mitos da juventude, como referência de pessoas de sucesso, como; a personagem Gilda, do filme do mesmo nome, a Estadista e primeira-ministra de Israel, Golda Meyer, Vivian Leigh no filme "E o vento levou". Falaram de suas mães, como fortes exemplos de vida, muitas falecidas e vítimas do nazismo da Segunda Guerra Mundial.

Mulheres de fibra e coragem que enfrentaram as grandes perdas da vida, filho, neto, marido e pais. Zelita Politanski contou que depois da morte do marido não tinha forças, simplesmente caminhava e passava pelos lugares, mas não estava presente. Um dia, ao assistir ao grupo de danças da Associação Brasileira "A Hebraica de São Paulo, uma nova porta abriu-se. Convidada por Eva Wengier, 78 anos, a entrar no grupo, ela diz que foi esse ambiente que a fez recuperar a vida. *"Em muitas situações simplesmente não conseguimos, o momento é tão sofrido que não temos força, mas surge alguém que nem sabe como foi importante, mas nos ajudou a levantar e caminhar."*

Eva por sua vez, preza muito o momento presente. *"Não interessa o passado, é apenas uma referência, por isso estou sempre aberta ao novo."* Esta vontade de conhecer sempre algo, a fez recentemente voltar a estudar em diversos cursos nas faculdades de 3ª idade. Faz yoga, respiração e mentalização para controlar a mente e dominar as dificuldades. A comunhão com pensamentos positivos dá ótimos resultados, segundo Eva, daí vai se desligando dos problemas para dormir em paz, e pensa: *"Hoje não consegui resolver, mas peço para poder ter força para ver as saídas e soluções do que me inquieta, a vida vai resolver p'ra mim, amanhã será um novo dia."*

Hene Leja Mucinic é Dentista aposentada e freqüenta o Grupo Sênior desde o seu início. *"Na vida tudo muda, principalmente quando temos perdas. Mas temos que ter o olhar para as conquistas e ganhos."*

Depois da perda do marido e grande companheiro, teve que reestruturar toda a vida. *"É muito difícil superar o baque e a solidão."* Faz várias atividades, da pintura à natação, mas o convívio com a família e a meditação são fortes aliados para superar as crises.

Ela cita uma passagem do livro de John Gray, "Como obter o que se quer através da ajuda da meditação". Nele, o autor passeia de carro com a filha pequena, quando esta lhe pergunta por que existem tantos faróis vermelhos. O pai responde que eles existem na mesma proporção que os faróis verdes, mas não percebemos, por que estes não nos fazem parar, daí passam despercebidos.

"Igual se dá com as perdas... ficamos às vezes só falando delas, e não valorizamos tudo que conquistamos. São nossos sinais verdes", nos fala Leja.

Bela Holzer consegue, hoje em dia, fazer muitas coisas para superar as crises vividas. Há dois anos sofreu um enfarte, aos 62 anos de idade. *"Este fato mudou minha vida, vivia só em função da casa, marido e netas"*.

Acrescentou muitas atividades na sua rotina: pratica Tai Chi Chuan, dança, freqüenta palestras culturais. Novas amizades para ter com quem trocar idéias, compartilhar atividades.

Superar as crises é dar a volta por cima e ficar melhor, reavaliar tudo, fazer novas eleições na vida.

Muitos disseram que o grupo é a segunda ou a primeira família que hoje possuem. Que em momentos duros da vida foi a continência que encontraram que permitiu a elaboração e superação da crise.

Anita Gotlib Nisenbaum, após sua aposentadoria e com os filhos crescidos, começou a participar do grupo Sênior. Fala de sua busca pela realização pessoal, como um conjunto dos aspectos, emocionais, profissionais, físicos e mentais.

"O importante é coordenar todos estes fatores", e mesmo com a chegada da aposentadoria, Anita planejou sua vida dando continuidade ao que já vivia com novas metas a cumprir. *"Eu me programei para este período, preparei meu amadurecimento e continuo a me programar para não entrar em depressão devido a mudanças que sempre ocorrem."*

Iniciou um trabalho voluntário, como forma de substituir as atividades profissionais. Faz parte da Diretoria Social do Clube, o que preenche sua vida e lhe oferece uma rotina de muita satisfação. *"Com esta atividade me sinto útil, não é só uma tarefa para o meu bem-estar, mas é uma contribuição para a sociedade."*

Quanto à maturidade, Anita diz que *"aprendemos a compreender mais as pessoas, a perdoar, passar por cima de coisas inúteis e aborrecimentos. Tenho que aproveitar cada minuto do meu dia, pois não sei do futuro. Isto eu não pensava na juventude"*.

Franziska Jucovsky, 75 anos, trabalhou muito ao longo da vida e teve perdas marcantes. *"Mas temos muitos ganhos também"*, referindo-se aos netos, à filha, amigos e atividades com que preenche sua vida. *"Tudo gratifica, a felicidade se constrói com pequenas coisas."*

Como já citamos no capitulo I, resiliência é a capacidade psicológica de superar crises. Alguns têm, outros necessitam desenvolver. Quando temos redes de apoio, conseguimos, com maior facilidade, superar as dificuldades e adversidades da vida.

Outro ponto é a valorização das grandes coisas da vida. Lili Angel, antes mesmo de começarmos a palestra, contou-nos que quando o filho pergunta se vai se sentir só, ela diz que não porque aperta um botão e ouve músicas. Exatamente isto, música, um livro, um filme, um vizinho, cozinhar, são as "grandes pequenas" coisas da vida.

Quem vê Ester Glikman Turteltaub, alegre e cheia de vida, cantando, dançando, declamando longas poesias de cor e com um largo sorriso no rosto, não sabe de tristes vivências porque passou. Nascida na Polônia, teve momentos trágicos na 2ª guerra. Em 1941, com 17 anos de idade, ficou isolada na cidade onde estudava. Quando a guerra acabou, ao procurar os pais recebeu a noticia de suas mortes. Ficou desolada. A homenagem foi dar o nome de sua mãe para a filha.

Tempos depois, veio a emocionante e feliz notícia: os pais estavam vivos. O reencontro foi marcante. Como no judaísmo não se homenageia dando o nome de pessoas vivas, pediu perdão à mãe.

Hoje, com 80 anos de idade, ao lado do marido Symcha, três filhos, seis netos e dois bisnetos, Ester relembra suas histórias e tristezas superadas. Esteve sempre à frente do seu tempo. A liderança nata e a luta pelas causas sociais sempre foram suas marcas. Ester é a prova que superar desafios independe da idade.

Fazendo o bem para superar as perdas

Voluntariado na maturidade, histórias de seis amigas

Henriette Victor Nacson, 75 anos, trouxe de Alexandria no Egito, onde nasceu, a tradição pelo trabalho voluntário. Trabalhou na Unicef por 17 anos e agora deixou as filhas seguirem este trabalho.

Atualmente ela é voluntária na Congregação Israelita Paulista, nos Projetos Vida e Clube das Vovós. Trouxe a amiga *Regina Amiach*, também de Alexandria, a realizar voluntariamente este trabalho, como forma de superar a viuvez.

Hoje, Regina reconhece que foi um passo importante para superar a depressão e a solidão.

Esther Laredo Chalom, 83 anos, nasceu em Tanger, Marrocos e faz parte deste grupo de voluntárias.

Segundo ela a família é muito importante; os netos, uma grande bênção. Mas "o dia do voluntariado é sagrado, saímos revigoradas e realizadas".

Trabalhava muito até os 70 anos de idade. Uma doença a fez mudar o ritmo, mas não lhe tirou a enorme animação.

Dança, faz teatro, adora tudo que tiver movimento.

No apartamento possui um verdadeiro jardim. Entre as plantas, mais de 100 vasos de violetas. "É ver a vida nascer e crescer."

Bronia Popelnik, 82 anos, após a doença e morte do marido teve que levar a vida para frente. É muito tímida e obteve muita ajuda dos amigos para participar do grupo. Hoje, diz que "acordou para a vida".

Com a idade, "amadureci, aprendi muito, mas tive que ter força interior".

Quanto ao trabalho voluntário diz que "ajudar os outros alivia, faz bem para si próprio".

Mala Tencer, compactua deste pensamento. Mas o caminho foi árduo. Para superar as crises da vida (adaptação à sua nova terra, quando chegou da Polônia, a aposentadoria, a viuvez mais tarde) foi preciso muita "luta e manter a esperança, os filhos dão muito valor e apoio, o que supera tudo". Fator decisivo para estes momentos difíceis é o suporte oferecido pelas pessoas que convivem junto. "O trabalho voluntário é um prazer, vem do coração."

Malvina Klinow começa nos citando uma palavra em hebraico, *embrechá* "que remédio" como pensamento para as horas de crises e dificuldades da vida. Mas não como resignação... como força para se movimentar.

"Nas perdas me apoiei muito na religião, fiquei muito mística."

Alegria, vida, disposição... são características próprias. *"Se Deus me deixou é para viver e viver bem. É preciso agarrar-se às felicidades da vida, dos netos, dos amigos... a hora de chorar existe, mas não precisa mostrar."*

Amadurecer com sucesso é "ser autêntica, olhar as injustiças e trabalhar para mudá-las".

Como faz isto? Sendo voluntária. Malvina pede donativos em prol de duas entidades. *"Eu sou Robin Hood, tiro dos ricos e dou aos pobres."*

As perdas seguidas (a mãe, o marido, uma empregada de 30 anos) mudaram sua vida. Teve que encarar e ter forças para continuar.

Malvina faz aulas de dança, canto, teatro, adora pesquisar e ler poemas para os amigos e exercer a atividade voluntária, *"Faço tudo que for possível para ser independente e útil para a comunidade."*

Na vida adulta temos, no nosso cotidiano, redes de apoio que nem valorizamos, mas são preciosas. Quantas vezes estamos tristes pela manhã e no final do dia melhoramos! O que ocorre é que os nossos mecanismos psíquicos de defesa são mais facilmente acionados quando encontramos pessoas no trabalho, na escola dos filhos etc. Na velhice a rede de relações pode diminuir em função das mudanças de papéis sociais. Torna-se importante substituir papéis, estudando, entrando em clubes, grupos de lazer ou de voluntários.

As histórias das pessoas deste grupo fazem-nos pensar que toda crise tem muitos lados e o próximo capítulo de nossa história depende do que fazemos com ela.

Francisco Petrônio

2. Francisco Petrônio

O SUCESSO É UMA MISSÃO DE VIDA

Francisco Petrônio é um ícone da terceira idade, pioneiro e pai do famoso Baile da Saudade. Depois da entrevista que realizamos em sua casa, ficamos com sentimentos de paz, tranqüilidade e motivação. As sensações que ficaram podem ser resumidas em três palavras: missão, dignidade e fé.

A história

Quando menino era o orgulho do pai. Cantava com sua família e, segundo ele, sua mãe tinha a voz ainda mais bonita, porém, não estimulava sua carreira de músico. Durante vinte anos Francisco Petrônio foi motorista de táxi e foram anos muito bons. Além do trabalho, ele foi ativo em ações para melhoria de qualidade de vida para essa classe. Participou da "Voz do motorista", programa de rádio, do "Jornal do motorista" e outras associações. E foi numa corrida de táxi que a carreira de cantor iniciou.

"Eu sabia que sabia cantar... Não tinha chances... Era casado e com dois filhos para criar..."

Perguntamos o que aconteceu para dar certo.

"Foi Deus!... Tinham vinte e dois carros parados, Nerino Silva, cantor, entrou no meu carro, e eu como de costume segui o caminho cantarolando, ele disse que eu tinha uma linda voz e me convidou para um teste, comum da época. Perguntei à minha esposa Rosa e ela disse. – 'É seu sonho. Vá em busca dele!'"

"...Fiz o teste na antiga TV Tupi com Cassiano Gabus Mendes, entre outros, e fui convidado para trabalhar no programa Serenata. Um sonho da vida inteira realizado em cinco minutos... Meu Deus!"

Trabalho

Para Francisco Petrônio o trabalho é um grande prazer, mais que isto, ele o considera uma MISSÃO. O comprometimento com o trabalho e o sucesso só podem ser atingidos se existe amor, o sentimento que une, e aproveitando a expressão que ele disse, uma missão de vida. Quando nosso trabalho não é restrito a nosso sustento e dos nossos filhos e consegue contemplar um contingente maior ele se torna um propósito de vida que contagia e beneficia a humanidade. Esta é a diferença, independente da escolha da profissão, gostar do que faz, e gostar muito. Acreditar e investir na escolha. Muitas vezes o investimento significa espera, como nesta história.

Petrônio gravou mais de seiscentas músicas e preocupa-se em resgatar as canções antigas. Duas músicas são os marcos de sua carreira, "Baile da Saudade" (1964) e "Amor mais Puro" (1962).

O sonho

A música, a carreira de cantor. Realizou seu sonho e respira música o dia todo. Mesmo no tempo em que se dedicou a outra profissão, comprometeu-se com ela e não se tornou um homem amargo por não cantar. Encontrou caminhos para satisfazer o desejo de arte que faz parte dele através do programa de rádio e do jornal. Se ele fosse um homem amargo, possivelmente, quando Nerino Silva tivesse entrado no seu carro não teria mais voz para cantarolar.

Petrônio sonha hoje com uma carreira internacional e outras oportunidades no Brasil. Que ótimo! Os sonhos permanecem!

Família

"Família é tudo! O que eu seria sem minha família. O maior investimento do homem é a família. Sem minha mulher eu nada seria."

Casado há 57 anos com Rosa, é um homem de sorte, que cuida muito desta família linda que tem: Rosa, os filhos e os netos. Durante toda a entrevista, entre linhas e falas, o espaço da sua família é garantido.

"Eu cuido há muitos anos. Não posso decepcioná-los. Quero ser o orgulho deles... Não tem dinheiro que pague isso."

Petrônio mostra-nos que amar é muito bom e é um presente da vida. A relação amorosa motiva-nos e conforta, mas deve ser cuidada sempre. Cuide!

Saúde

Não tem exageros. Não fuma e não bebe. Tem uma alimentação caseira e não tem hábitos de extravagâncias. A saúde é definida pela *Organização Mundial da Saúde* como o bem-estar físico, psíquico e social. Francisco Petrônio mantém, ao longo da vida, uma rotina de equilíbrio que nos mostra como *ter é fácil, o difícil é manter*. Ele conserva voz e disposição singulares, conseqüência não de tratamentos caros ou mágicos, mas de uma administração da vida que envolve paz, equilíbrio e cuidado.

Espiritualidade

Acredita em Deus e reza todas as noites.

"Procuro não fazer mal a ninguém. Fazer amigos todos os dias. Foi Deus que colocou aquele cantor no meu carro."

Para Petrônio sua carreira como cantor é uma missão e através dela coopera para o bem-estar das pessoas. Nos bailes, quando canta, sabe o quanto está fazendo pessoas felizes. Pessoas conheceram-se, casaram nos seus bailes.

Petrônio, embora tenha uma vida com muitas realizações – e não faria nada diferente do que fez –, fala sobre as dificuldades da velhice: os espaços e oportunidades são mais restritos. Como ele é um homem dedicado à família, preocupa-se muito com os filhos, que trabalham com ele.

Francisco Petrônio presenteia-nos com sua voz, tranqüilidade e alegria. É um modelo de homem no sentido de respeitar-se e respeitar as pessoas. Mostra que a vida pode ser construída com dignidade e comprometimento.

Grupo Serra Azul de Serra Negra

Grupo Serra Azul de Serra Negra

3. Grupo Serra Azul de Serra Negra

PERDAS E PRIVAÇÕES SUPERADAS

Faz mais de dois anos que ouvimos as histórias dos participantes do grupo de Serra Negra, mas foi recentemente, durante um dos encontros, que pudemos escutar eventos da vida destas pessoas e confessamos que, hoje, olhamos para elas de outra maneira. Compartilhar experiências aproxima, cria vínculos e fortalece relações.

Estávamos sentados em círculo; Antenor Braz é um homem de 68 anos de idade, casado com Ida. Formam um casal muito bonito porque são pessoas fisicamente belas e têm um relacionamento amoroso com cumplicidade, afeto e companheirismo. Antenor nos contou um episódio de sua infância. Ele e seus amigos prepararam-se meses para conhecer a piscina nova da escola, porém os seus pais não tinham condições financeiras de comprar uma sunga. Então, sua mãe confeccionou um maiô de pano. No dia do esperado evento, quando Antenor pulou na piscina, sua sunga rasgou e ele intimidado e envergonhado diante das crianças encostou-se a um canto da piscina e só saiu horas depois, quando não havia mais ninguém no lugar.

Em seguida, Tereza Matioli, casada com Alcides, também exemplo de um casal que cuida da relação amorosa e dos vínculos familiares, relatou que quando criança morava numa fazenda onde o pai trabalhava. Ela e os irmãos brincavam, tiravam leite de vaca e tinham fartura na alimentação. Seu melhor amigo, aos sete anos de idade, era seu cavalo, que andava "a pelo". Um dia, seu pai chegou e avisou que seu cavalo teria que ser levado. Ela chorou, adoeceu, mas não conseguiu impedir. Seu pai, que segundo ela era amoroso e um ótimo pai, era dependente de jogo; perdeu tudo que tinham numa partida de cartas e apostou, finalmente, o cavalo da filha. A pessoa que ganhou o cavalo não devolveu. Seu pai, antes de morrer, pediu perdão a ela... ela já havia perdoado há muito tempo. Tereza termina seu relato contando que sempre amou seu pai e entendeu que ele tinha uma doença que o dominava.

Elvira Laranjeiras é a presidente e fundadora do grupo de terceira idade "Serra Azul", uma mulher muito disciplinada e determinada. Nascida em São Paulo, morou na cidade até seu marido aposentar-se, quando mudaram para Serra Negra. Residia, quando criança, em frente ao antigo Clube dos Alemães, hoje campo da portuguesa. A família era humilde, fato que a impossibilitou de realizar alguns desejos na infância. O maior sonho era o de aprender a nadar. Ficava olhando as crianças nadarem da janela da sua casa... *"Naquela época o rio Tietê era limpo, minha mãe lavava as roupas lá, mas eu não sabia nadar e não a acompanhava."* Elvira contou-nos que, desde essa época, passou a ter sonhos noturnos de que estava voando e, de repente, saltava numa bela piscina. Em 1982, tentou realizar o desejo de aprender a nadar entrando em uma escola de natação, mas teve que interromper depois de quatro meses, em função de uma doença grave do marido. Aos 65 anos de idade, ela voltou para uma escola de natação e nunca mais sonhou com as quedas na piscina. *"Eu não me revoltei...esperei o momento em que pude realizar o meu desejo."* Elvira é mãe de um dos psiquiatras mais competentes no cenário nacional e internacional, Ronaldo Laranjeiras. Segundo ela, temos que ser otimistas, lutar e não nos revoltar. Sempre se dedicou aos filhos, com muito amor e presença. Naturalmente, eles seguiram suas vidas com muitas realizações.

Cleide dos Santos, casada com Alberto, pessoas fortes, alegres e continentes da felicidade dos amigos, presidentes da Seicho-no-iê de Serra Negra, sempre tem uma palavra positiva e um sorriso. Cleide nos contou sobre seu aniversário de quinze anos. Sua mãe fez um lindo vestido rosa com uma fita azul e uma festa no pequeno sobradinho em que moravam. Todos os doces servidos foram de batata-doce, só mudava a cor, porque os doces eram tingidos, mas o sabor era igual. Cleide conta que foi uma festa muito feliz, mesmo com a simplicidade.

Quando ouvimos estas histórias e outras durante esta tarde ficamos emocionadas. Tristes porque foram compartilhadas experiências sofridas, de perdas e privações, mas depois felizes por constatar que estávamos diante de pessoas bem-sucedidas, porque não deixaram que momentos de dor amarrassem suas vidas e não as deixassem mais caminhar. Antenor, Tereza, Elvira e Cleide, hoje, fazem parte do grupo de coral, de dança, ginástica, bailes etc. etc. etc. Colocamos três "etc." porque eles vivem com intensidade mesmo com a idade avançada; são pessoas bonitas e principalmente felizes. Não negamos que relataram marcos importantes que são cicatrizes da alma, mas de alguma forma colaboram para o funcionamento psíquico de cada um, o que não impede que sejam responsáveis e ativos na busca da felicidade.

Jô Clemente

4. Jô Clemente

MULHER, FORÇA E FAMÍLIA

Depois de entrevistar Jô Clemente faltam palavras. Jô é uma mulher forte, determinada, que soube aproveitar as oportunidades que a vida lhe ofereceu. Sabe dos seus limites, respeita o novo e não tem medo de conhecê-lo. Uma mulher que, mesmo em situações adversas da vida, olhou o lado positivo e investiu nele. Ama os filhos e valoriza seu grande companheiro de existência, Doutor Clemente. Falamos de uma mulher linda aos 78 anos de idade, que tem uma vida construída com grande estilo. Segura, sabe delegar funções e reconhece que algumas idéias dão certo, outras não, mas é a vida; não sofre com as derrotas, aprende e continua seu caminho. Jô é autora do livro de memórias autobiográficas "Retalhos da Vida", Cia. Editora Nacional, 2004.

Trabalho — APAE

Jô faz questão de esclarecer que não fundou a APAE de São Paulo. Na verdade, começou a fazer parte do grupo de fundadores três meses após terem iniciado a instituição, em 1961, e permanece até hoje.

"Eles queriam o Clemente, ele era médico e eu doméstica. Ele sugeriu que me convidasse, Eu não era professora, nem psicóloga, mas tinha um filho excepcional."

Seu trabalho e de muitos profissionais e técnicos faz da APAE-São Paulo uma instituição de grande respeito social. A APAE é uma escola de formação. Hoje, passa por um momento de transição importante, a administração que era doméstica passa a ser profissional. O trabalho realizado mudou o conceito do deficiente mental, hoje chamado de pessoa com deficiência mental. Segundo Jô, hoje ele se coloca, dá idéias. Esta mudança que integra uma população que ficava às margens da sociedade é resultado de um trabalho de anos, que contou com as atitudes de sucesso de Jô Clemente.

Hoje existem 2.300 APAEs no Brasil. A principal meta é a inclusão da criança com deficiência mental no ensino. Merece um olhar e reflexão de cada um de nós, para nossos pré-conceitos, limites e dificuldades para conviver com a diferença. Quem é igual? Esta causa é nossa.

Personalidade

Uma pessoa bem-sucedida tem características fortes que determinam o sucesso. Acredita, tem crenças de auto-eficácia positivas, auto-estima elevada e automotivação. Embora algumas pessoas desenvolvam essas faces da personalidade mais normalmente que outras, por vários fatores, podemos aprender com suas experiências e desenvolver essas habilidades de sucesso.

"Sou assim em função do meu temperamento. Eu sempre digo, se me virem deitada é que algo aconteceu. Eu disputo comigo mesma, para ver se consigo ir mais alto."

"Independente da idade... Mas o tempo modifica muito. Você não programa as experiências, experiências de vida. Você tem que assimilar o que acontece no seu dia-a-dia. Como você assimila é que determina como será sua vida. Sou criativa, gosto de inventar. Intitulo-me marketeira emocional. Vendo através da emoção, ou melhor, da empolgação."

Troca de gerações: deixar experiências e aprender com o novo

Jô gosta de estar com os jovens. Conta que é de uma geração que tinha medo de tudo. Medo do pai, medo do marido, medo da freira do colégio. O policial era associado mais a um castigo do que à segurança, hoje não sabemos mais. Muitas vezes, teve medo da juventude que a agrediu.

"Um dia uma jovem entrou e disse... Quem é a coroa?"

Jô coloca que o jovem de hoje não tem tanto medo. Ela se adapta ao contato com a nova geração e aprende com eles, nova forma de se comunicar, de olhar para o mundo, até a nova tecnologia, como os computadores.

A família

Sempre contou com o apoio de seu marido, Doutor Clemente. Casou com 19 anos de idade e foi ele que a ajudou a conhecer novos livros, músicas e teatro, e se tornar uma mulher crítica. Os pais, classe média, a levavam ao teatro, mas não a deixavam ler Eça de Queiroz, por ser muito ousado para a época. O marido ajudou a abrir novos horizontes.

"Ele é o meu marido, minha âncora, meu namorado e amante. Meu porto seguro."

Sempre foi dedicada aos filhos. Ama e tem um vínculo forte com seus netos, filhos e marido. O filho Zequinha, tinha deficiência mental, falecido há três anos. Jô conta, com muita força, que o marido logo soube que o filho era uma criança especial, mas não contou porque a amava e sabia que ela descobriria quando pudesse. Quando levou o filho, com um ano, ao médico, ele disse que o menino era retardado e iria viver no máximo 17 anos. Zequinha faleceu aos 52 anos de idade. Realizou, ao longo de sua vida, muitos sonhos, conheceu Regina Duarte, recebeu uma foto da Barbra Streisand, viajou com os irmãos. Talvez, segundo ela, a superproteção limitou o desenvolvimento. Não dá para ouvir esta história sem se emocionar. Uma mãe que luta para criar condições para o filho ser feliz, mesmo com mais limites. E conseguiu.

Sucesso

Jô Clemente prefere a palavra REALIZAÇÃO.

"Quando tive o Zequinha não perguntavam para um jovem especial o que ele gostaria de fazer. Outro dia, na porta da APAE de

São Paulo conversando com um jovem, perguntei como estavam as coisas e ele disse que faltavam oportunidades de trabalho. Isto eu mudei e me sinto realizada."

Conselho para alguém que quer fazer algo

"Consciência de cidadania."

Se cada pessoa entrar em contato com o todo, que sua cidadania faz parte de um contexto, vai entender e descobrir o seu caminho maior. A pessoa para fazer algo para o outro tem que se ver num universo maior que o seu, que sua família nuclear, tem que sentir uma necessidade de auto-realização. E para sentir satisfação tem que entender a totalidade do mundo.

Jô Clemente é um marco de sucesso no universo das causas sociais. Mudou o olhar para as questões da diferença e da responsabilidade social, uniu esforços e entusiasmo, para uma sociedade mais justa para todos.

Grupo "Feliz Idade" de Monte Alegre do Sul

Dona Joana

5. Grupo "Feliz Idade" de Monte Alegre do Sul

OS SONHOS

Realizamos, em abril de 2004, uma oficina de reflexão sobre as atitudes de sucesso na maturidade com o Grupo de Terceira de Monte Alegre do Sul. Estavam reunidas quarenta senhoras e dois homens entre 57 e 90 anos de idade. Este grupo, nomeado "Feliz Idade", está formado há um ano. Encontram-se semanalmente, quando realizam festas e recebem profissionais convidados que abordam temas sobre qualidade de vida e velhice. Estes encontros, segundo o grupo, motivaram-nos para outras atividades na cidade e região. Hoje, participam também de bailes, jogos, e mantêm um papel importante de exercício de cidadania através de visitas a instituições carentes, participação em festas típicas, entre outros. São exemplos para os jovens e adultos do município.

Conviver com as pessoas que fazem parte do grupo de Monte Alegre do Sul é um privilégio. São pessoas que nos fazem sentir bem só pelo fato de estarmos perto. Simples, no sentido de não complicar a vida com problemas criados sem necessidade, pessoas que cooperam, olham para o outro e mesmo assim não deixam de acreditar nos seus sonhos e lutar por eles. Foi um sonho, entre os muitos que ouvimos, que nos fez apontar para uma atitude de sucesso na maturidade. Falamos sobre o sonho de Dona Joana.

O sonho de dona Joana

Joana, sempre viveu em Monte Alegre do Sul, cidade de 6.000 habitantes, conhecida pela sua festa do Morango e como "cidade presépio". Joana, menina, observava na cidade os primeiros modelos de motocicleta passando pelas ruas. Os tempos eram difíceis e Joana, mesmo criança, colaborava para o sustento de uma família de muitos irmãos, tios, pais e avós. Fato comum para uma geração formada por famílias extensas. Joana, moça, passou a conhecer novos modelos de motos, já mais modernos e potentes, mas surgiram novas responsabilidades, como o marido e os filhos. Responsabilidades importantes e que a deixavam feliz, mas que não ofuscaram o seu sonho, de ter e dirigir uma moto. A vida continuou e Joana tornou-se a Dona Joana, cabelos grisalhos – nunca os pintou – alta, magra e principalmente alegre. Alegria na maturidade não é uma constante. Este afeto mantém-se pela possibilidade interna e psíquica de olhar para o mundo com esperança, ser persistente, acreditar e, principalmente, não desistir dos desejos e sonhos, não fazer deles um fardo, que amarga a alma e a vida das pessoas com quem convivemos. Enfim, com 60 anos de idade, Joana, avó, com suas economias, realizou seu sonho. Comprou sua primeira moto. Ficou feliz? Muito! Não só ela, a cidade, os vizinhos... Entrou na auto-escola e por causa do declínio de habilidades sensoriais e cognitivas decorrentes do processo de envelhecimento, teve que persistir, dedicar mais tempo que um jovem nas lições e aulas da auto-escola. Sua vizinha, Maria Luísa, é testemunha dos tombinhos, erros e acertos, mas também do alcance de seu sucesso. Hoje, todos podem ver Joana com sua moto em Monte Alegre do Sul. Como conseguiu? Nunca deixou de sonhar, acreditar e persistir. O sonho deve ser uma constante. Como dizia Aristóteles, "Felicidade é a busca constante pelo sonho ideal". Ela nos mantém vivos. Quando realizamos um, nasce outro. Devemos manter a serenidade para substituir os sonhos quando escapam da realidade.

O novo sonho de Joana

Depois do encontro de abril com o grupo de terceira idade, conversando com Joana sobre a sua história, ela completou. *"Eu tenho um novo sonho. Andar de avião."* É isso, a vida continua!

Outros depoimentos e reflexões do grupo

A reflexão conjunta do grupo possibilita-nos entender que as dificuldades e adversidades sempre fazem parte da vida. Ouvimos histórias de privações financeiras, perdas e doenças. Os pontos comuns relatados pelo grupo são a determinação e a capacidade de superar as crises, fazer delas oportunidades de crescimento e vitória. O sucesso parece estar nas pequenas conquistas diárias e reconhecimento de habilidades.

Cleusa Protti Pereira, 60 anos de idade, conta que queria ser professora, mas não tinha dinheiro. Foi depois do casamento que conseguiu voltar a estudar, completar o curso normal e depois fazer as Faculdades de História e de Pedagogia. Segundo Cleusa, sozinha não teria conseguido. Foi a força do marido que a ajudou. Compartilhar nossos sonhos: esta é uma possibilidade de torná-los mais fortes. Podemos ter a sorte de encontrar pessoas que comprem nossas metas e propósitos de vida e sejam cúmplices delas Sorte e escolhas de bons parceiros para a vida, seja nas relações de amor, trabalho e amizade.

Suzana Amaral

6. Suzana Amaral

"VALE A PENA COMEÇAR TUDO COM NOVO OLHAR."

Suzana tem esta forma de ser: o que passou, passou, não olha para trás. Se algo não deu certo é porque não era para acontecer.

"É um explodir as pontes... e queimar o passado, de forma a nem me lembrar mais do que passou. Isto ajuda a superar os revezes da vida. Eu deleto e não fico remoendo o que não deu certo, daí eu começo de novo."

A cineasta luta, no momento, para conseguir completar o financiamento que viabilize a produção de seu filme baseado no livro de João Gilberto Nohl, *Hotel Atlântico.*

"Preciso fazer este e outros filmes. Sei que cada vez as dificuldades aumentam."

A personalidade combativa, a garra e a disposição pela luta em tudo que almeja, fazem-na ter *"alma guerreira"* para suas conquistas. Em relação ao sucesso na vida, Suzana vincula-o a se ter coragem. *"É preciso ser corajoso, as pessoas não podem ser temerosas, ter medo da vida."* Esta coragem e determinação levaram Suzana, aos 40 anos de idade, a iniciar os estudos na ECA/USP e a carreira como Cineasta. Logo em seguida, rumou para Nova Iorque para realizar seu mestrado em Direção de Cinema.

Tinha uma vontade enorme e o talento para a sétima arte. *"Hoje o cinema é um modismo, os jovens estão se lançando na carreira."* Suzana é crítica de cinema. Faz cotação para jornais e revistas, escreve artigos sobre o assunto, faz consultoria de roteiros, dá aulas em diversas Faculdades, atua em Festivais como jurada e já trabalhou em televisão.

Recebeu 25 prêmios pelo filme *A Hora da Estrela*, baseado no livro de Clarice Lispector; entre os mais importantes: Urso de Prata no Festival Internacional de Berlin; 14 prêmios no Festival de Brasília; 4 prêmios no Festival Internacional de Havana, inclusive o filme vencedor.

Para construir este universo em torno da profissão, ela e os filhos tiveram que adotar a independência como padrão de crescimento. Cada um teve que assumir suas próprias decisões, sem cobranças de nenhuma parte. *"Na vida temos que fazer opções e isto implica em ganhar coisas e perder outras."* Suzana tem nove filhos e 21 netos.

A enorme admiração do neto mais velho por Suzana transformou-se em relação de trabalho. Hoje ele é seu assistente na direção dos filmes, formando uma relação avó/neto de grande amizade e enorme identidade na vida e na carreira. Suzana vive sozinha em uma simpática casa, freqüenta diariamente a academia de ginástica do bairro, adora andar pelas ruas e ver gente. Sai praticamente todas as noites, indo a teatros, cinemas, exposições, o que lhe dá uma rotina cultural bastante agitada.

Sua autonomia de vida encanta-nos, assim como sua agilidade física e mental. Por isto mesmo, a maioria dos amigos é mais jovem, mas a correria da vida e a ocupação do dia-a-dia não permitem uma convivência tão próxima, o que prejudica a parte lúdica da relação.

A forma de encarar a vida na maturidade não muda, *"desde que se saiba o que se quer e da argila com que as pessoas são desenvolvidas"*.

"As pessoas que hoje estão envelhecendo, ainda não sabem lutar pelos seus desejos e direitos, freqüentam os grupos de Terceira Idade, organizam-se, mas principalmente as mulheres vêm de uma geração com muita submissão e é difícil dar uma virada, mudar a forma de encarar a vida. Eu estive à frente do meu tempo."

A filosofia budista é incorporada em todos os seus atos, *"é o que me dá serenidade diante dos fatos da vida, ajuda-me muito a acreditar em algo maior e aceitar as coisas, mas é uma prática diária que acompanha tudo que faço. Para mim não tem certo e errado, tudo é válido, se você está fazendo algo, é porque acredita que é bom para você e eu aceito"*. Estas atitudes de Suzana facilitam a não julgar ninguém, mas aceitar e, principalmente, não recriminar pelas escolhas feitas. Suas atitudes também têm que ter a força da sua intuição, que se mistura a esta espiritualidade bem-estruturada.

A maturidade da vida é traduzida no rol de experiências adquiridas, mas é honesta em dizer que também é um pouco imatura no que faz, o que acaba compensando. *"Se eu não fosse imatura, não estaria fazendo o que faço, e no final das contas, o que vale é o presente, é preciso vivê-lo bem."* A luta pela sobrevivência financeira faz-se necessária, pois a aposentadoria é limitada e não quer depender de ninguém. Não é ambiciosa, gasta com cautela, porque ainda trabalha para manter-se, seu orçamento é fruto do seu trabalho. Mas faz somente o que gosta.

Acreditar em si própria... Pensar na qualidade de vida como base para o bem-estar... *"Tudo depende de como a pessoa é forjada, quem não tem as ferramentas não consegue construir, se cresceu sem consciência de que é preciso uma profissão, se cresceu com medo, se pensa que está velha, se não faz ginástica, se está fisicamente mal alimentada, se gosta de comer gordura... é uma série de fatores. Eu sempre tive estes cuidados, é um conjunto de características de mente e corpo sãos."*

Suzana tem esta lucidez para as atitudes positivas, compactua que a construção da vida e do caráter é de cada um, está dentro de nós, depende de nós e é movida e determinada por valores internos, *"somos responsáveis pelos nossos atos"*.

Autêntica, verdadeira, determinada, intuitiva. Suzana tem esta série de características muito favoráveis para o seu sucesso. Ninguém lhe mostra os caminhos, ela é quem tem que acertar os próprios passos. A enorme força vem do seu interior. Daí é que vale a pena começar e recomeçar sempre. Constantemente e permanentemente.

Nelma Bahia

7. Nelma Bahia

LIÇÃO DE MUITA CORAGEM

Conhecemos Nelma há pouco mais de dois anos. Recebemos uma informação de que ela gostaria de atuar como voluntária no programa do idoso de Serra Negra. Fomos nos ver no jornal onde ela trabalha com o marido e encontramos uma senhora com muitas dificuldades físicas, necessitando de muletas para andar e com os dedos muito tortos. Quando nos apresentamos fomos recebidas com um enorme sorriso e entusiasmo. Nelma, 59 anos de idade, pediu insistentemente para realizar o trabalho voluntário de dar aulas de pintura em óleo sobre tela. Ótimo! Reunimo-nos, planejamos e o grupo começou. Um grupo formado por mulheres de meia-idade em diante. Este será o terceiro ano que realizamos a exposição das alunas de pintura da Nelma Bahia. Acompanhamos a evolução dos trabalhos, pinturas em telas de 4cm/6cm e, hoje, grandes obras de 100cm/90cm. Na verdade, o que fica não são só os quadros, mas a força de vida enorme que possibilitou que Nelma, depois de passar por uma doença reumática grave, em que perdeu os movimentos e ficou numa cadeira de rodas, hoje, recupera seus movimentos e se dedica ao "outro". Esta é a diferença das pessoas que têm sucesso, têm atitudes de sucesso ao longo da vida, em cada obstáculo, em cada crise, e pensam que vão superá-las por si, mas também porque alguém está esperando. Pensamos que a história de Nelma foi premiada por um marido, Bahia, que a ama e sempre esteve ao seu lado. Todas as terças-feiras ele ajuda Nelma a subir vinte lances de escada para dar as aulas de pintura. Toda vez que Valéria olha um quadro que colocou no seu consultório pintado por Nelma, sente alegria e paz.

Etty Fraser

8. Etty Fraser

UMA VIDA CHEIA DE COISAS MARAVILHOSAS

O talento de atriz foi descoberto já na infância. Um empurrãozinho da mãe, companheira de toda vida, que, para distração das filhas e amigos, montou na garagem de casa um teatrinho improvisado onde poderiam representar. A primeira peça foi Chapeuzinho Vermelho, que fez nascer esta grande atriz, que se consagrou nacional e internacionalmente em inúmeras peças de teatro, novelas, programas de televisão, e ainda empresta sua simpatia a muitos comerciais em que atua. Bastante requisitada, esta versátil atriz está sempre de prontidão para iniciar seu próximo trabalho com o mesmo entusiasmo e energia positiva com que encara todos os desafios que se apresentam.

"Minha vida é uma história de sucesso", lembra Etty, referindo-se a todos os momentos de alegrias que recheiam sua vida, como já dizia sua mãe, "A Etty nasceu virada para a lua". Cresceu assistindo ao casamento felicíssimo dos pais, após superarem uma barreira grande para a época, a diferença religiosa. Da infância maravilhosa, ela aprendeu com a mãe, de imensa cultura e inteligência, valores preciosos, como o empenho do amor no que faz, a paciência para enfrentar os problemas, a sensibilidade e solidariedade. Também histórias de afeto do pai e do avô, este um grande amigo das horas de lazer.

O casamento veio mais tarde, e quando questionada por todos se não iria se casar, respondia: *"Eu tenho certeza de que Deus guardou para mim a outra metade."* Isto lhe valeu a vida toda, este pensamento positivo de saber que iria ter sucesso no que quisesse alcançar.

O sonho da jovenzinha em casar com a pessoa ideal foi realizado, e durante 41 anos imensamente felizes, viveu com o marido e também ator Chico Martins, falecido no ano passado. A intensa união do casal, com muito companheirismo, amizade, troca profissional, afetiva e espiritual, foi a base de toda esta história de amor. A sensação de perda nesta época fê-la pensar que iria enlouquecer. A força interior e a espiritualidade fizeram-na lutar, agarrada às lembranças do tempo em que viveram juntos.

"Nesta idade que eu estou agora, eu cheguei à conclusão de que existem duas coisas importantes na vida: o amor e a amizade."

Manter os amigos perto, ter dedicação, respeito, empenho, participar de suas vidas e apoiar-se quando precisa são uma constante do seu cotidiano para estar completa como pessoa. Gosta muito de conversar com os amigos, mas "olho no olho, não pelo computador", e escrever para os que estão longe, para manter forte os laços de amizade. Alguns vínculos foram criados ainda na infância, com os filhos dos amigos dos pais, e fortalecidos com o passar dos tempos, nas horas boas e ruins, onde a mão amiga foi sempre sentida. Situação recente de extrema fragilidade como uma doença pessoal, foi enfrentada com uma força interior e tamanha determinação que a deixaram surpresa, não sabia de onde vinha tamanha coragem.

Chegou a ficar um mês em coma, e quando se recuperou, "só pensava em ficar boa para voltar a viver, trabalhar e retomar sua vida". O filho Denis foi uma das pessoas que permaneceram o tempo todo a seu lado. Ele e a nora Elita acabam de lhe dar um grande presente, sua primeira neta, Clara.

Na maturidade, as reflexões acerca da vida dão-lhe a certeza de que ela optou pelo caminho certo. Alicerçou suas relações de amizade, de família e de trabalho, sempre em valores que envolveram o respeito, amor ao próximo e a ética humana.

"A verdade só é necessária ser dita quando não vai ferir nem magoar as pessoas. Este é um sinal de maturidade aprendido com a vida."

A solidariedade e generosidade foram sentidas também quando iniciou a campanha de ajuda aos aidéticos da classe artística, há dez anos. Presidiu o FACTE, Fundo de Assistência à Classe Teatral, com resultados de alto valor social, já que na época foram solucionados os problemas de medicação e mesmo de dinheiro para a sobrevivência de quem necessitava.

"Estou devolvendo à sociedade o que ela fez de bom para mim, mas temos que ter amor por uma causa, este é o verdadeiro sentido do trabalho voluntário; ajudar em qualquer instância, seja na saúde ou na necessidade. Afinal, o dinheiro serve também para ajudar os amigos."

A habilidade e o carinho pelas plantas e flores são percebidos em casa, um verdadeiro jardim. Uma seringueira é cuidada por ela há 42 anos, presente de casamento. Quando da morte do marido, alguns amigos pediram-lhe uma muda desta planta, como lembrança do Chico. A raiz desta árvore é comparada com a sua personalidade: forte, bem-definida e de muita fibra.

O desejo de vida na maturidade é o de "*continuar trabalhando muito, não interessa no quê*". Esta é a verdadeira motivação para ela, que realiza, conjuntamente, papéis no cinema, teatro e televisão. Mesmo a dificuldade de sempre em memorizar textos, qualidade básica para sua profissão, é tirada de letra pela atriz, com humor e recursos próprios, lotando de "*papeizinhos lembretes*" o cenário onde atua. Os colegas são aliados de Etty e até a auxiliam com o texto.

"Os atores jovens que contracenam comigo ajudam-me – e é até motivo de muita diversão –, assim como eu os ajudo com a minha experiência."

Fica nas entrelinhas de suas histórias toda esta troca e cooperação entre as pessoas, independente da idade, da religião, da profissão ou da classe social.

"*Em relação à idade, ela só favorece o trabalho*", ressalta referindo-se aos excelentes artistas maduros que atuam sem escolher o papel, e com um imenso amor pela profissão. *"A aposentadoria é um absurdo em um país em que precisamos trabalhar para viver".*

Adaptar-se bem às pessoas de todas as idades, acompanhar o tempo que vive, e utilizar todos os recursos internos são lições aprendidas ao longo da vida.

Sorte e oportunidade transpassam pela sua vida. Nunca planejou nada, mas agarra-se sempre com a maior determinação às oportunidades que surgem e procura fazer o seu melhor. Seleciona e treina a mente para ficar com as coisas positivas e relegar as negativas, aprendendo com elas, mas sabendo que este é seu sentido.

Na corrente da vida, acompanha-lhe o pensamento, "*quando se faz algo por alguém não se sentirá nunca sozinho, não haverá espaço para a solidão*". A arte de Etty nos palcos e na vida é a de transformar todas as situações em um eixo positivo, fazer tudo com paixão, dar o melhor de si, mas, acima de tudo, ser responsável pelo mundo à nossa volta.

Marcos Plonka

9. Marcos Plonka

O RITMO DA AGITAÇÃO

São 48 anos dedicados à carreira de ator, em 64 anos de vida. Mas o temperamento agitado e dinâmico levaram-no a sempre ter diversas atividades ao mesmo tempo, paralelas à carreira de ator. De fácil comunicação e socialização, busca atividades que lhe permitam desenvolver estes seus vários talentos. Fazer televisão sempre foi a sua preferência, pela inovação constante, embora atuasse em teatro e cinema, mas não com a mesma intensidade. Papéis cômicos são marcas dos personagens, mas pela versatilidade e competência, atuou também em diversos papéis sérios e até dramáticos. O humor é um traço da sua própria personalidade, sempre procura fazer piadas e satirizar as situações da vida.

"O humor é um desafio muito grande, e nos faz levar a vida com mais leveza."

As lembranças de alguns de seus papéis em novelas, como, por exemplo, de personagens imigrantes, confundem-se com sua própria vida, quando relembra a vinda dos pais da Europa e a adaptação a uma terra nova. A identidade cultural judaica também é ressaltada na característica dos seus personagens.

Há um saudosismo do tempo em que os grandes comediantes eram bastante requisitados e valorizados. *"Tinha menos disputa em certas áreas e também no meio artístico. Falta espaço hoje para desenvolver este trabalho o que é uma pena, pois se perdem talentos importantes, que estão afastados por falta de oportunidade."* Sempre manteve um equilíbrio na carreira, sendo reconhecido pelos personagens cômicos, que marcaram principalmente uma época. Ele fala da nova geração de atores, que preferem papéis de galã, que têm esta marca de destaque e prestígio na atualidade.

É casado com a atriz Olívia Camargo, e ressalta, orgulhoso, os múltiplos dons que ela possui como escritora, pintora e em trabalhos manuais. Valoriza muito a família e os filhos como principal apoio na vida. "A gente se realiza através dos filhos e vendo-os encaminhados."

"Com a idade a gente perde um pouco o pique, o ritmo, não se tem mais 20 ou 30 anos, isto é natural, mas a vontade permanece e isto me faz movimentar."

A espiritualidade é sentida com a crença na religião que se possui, e no bem que se faz ao próximo. Ajudou muitas pessoas a entrarem para o meio artístico e seguirem esta profissão. Hoje, a vida está muito mais difícil que antigamente, as pessoas precisam fazer muitos cursos e serem especialistas em algo para crescerem na profissão.

"A escola vai lapidar, burilar, mas nada substitui o talento nato e a experiência adquirida com a vida."

Mas o fator sorte sempre foi uma constante em sua vida, pois pouco planejou suas atividades.

"As coisas foram acontecendo, e eu acho que consegui conquistar, nestes meus 64 anos, muitas realizações."

A vida na maturidade é repensada, principalmente, quando já se teve um problema de saúde. *"Passamos a ter mais respeito por ela; quando se é mais moço não se pensa tanto em certas coisas, não se dá tanto valor à saúde."*

Marcos é preocupado com a juventude atual, principalmente em relação a trabalho e ao excesso de bebidas, drogas e as conseqüências no futuro para estas gerações.

A marca do seu personagem humorístico, que se mescla com sua cultura, culminou no show atual que tem exibido pelo Brasil, *"Fazemos qualquer negócio."* Apresenta-se para empresas, em diversos teatros e para entidades beneficentes, fazendo um trabalho voluntário quando se identifica com a causa. Através do show, sente que pode contribuir para uma vida com mais alegria e felicidade.

"Levar humor às pessoas é uma realização, fazer os outros rirem é uma vitória."

Jair Rodrigues

10. Jair Rodrigues

OUÇA SEMPRE!

Jair começou cedo a carreira de cantor. Sempre cantarolou e, aos dezesseis anos de idade, já era um profissional da música. Diz que é "paulineiro", meio paulista e meio mineiro. Na sua casa, um dos ambientes é uma típica cozinha mineira com fogão à lenha e todos os apetrechos. Aos seis anos, vivia em Nova Europa, região de Araraquara, e depois, aos quatorze, mudou-se para São Carlos. Trabalhou como alfaiate por sete anos até sua carreira musical sedimentar-se. A primeira música gravada foi "Marechal da Vitória" e ao todo, até o momento, são quarenta e três discos gravados, mas muitos planos estão a caminho...

A mãe percebeu o talento

Jair conta que foi sua mãe que percebia como sua voz era bonita. Ela parava o que estava fazendo, almoço e outras atividades domésticas, para ouví-lo cantarolar.

Pare e ouça seu filho!

A vida atribulada impede-nos de parar. Se esta mãe não tivesse parado para ser continente e pontuar o talento do filho, acreditar e fortalecer sua auto-estima, talvez ele estivesse ainda pensando e questionando sobre sua carreira.

Ele mesmo pensou que seria jogador de futebol profissional. Hoje em dia, em seu tempo livre, ainda joga bola e gosta muito. Mas de fato, sua habilidade maior é a carreira musical. Cantava em bares, até que um dia foi ouvido por Ronald Golias. "Ele disse para procurá-lo em São Paulo e eu fui!"

Algumas vezes na vida surgem oportunidades, mas adiamos, colocamos dificuldades e não acreditamos em nós, nos nossos desejos e na sorte.

Jair mudou para São Paulo e foi morar numa pensão. *"Quando cheguei na rádio, para minha felicidade, encontrei o Golias no corredor. Perguntei se lembrava de mim e ele disse – 'O moço de São Carlos!' Levou-me para o Maestro Fausto Canova e então tudo começou."*

Gratidão

"Jamais vou esquecer quem me ajudou."

Jair faz questão de falar das pessoas que o ajudaram na vida, seja na carreira ou em outras esferas. Falou de Golias, Agostinho, Fausto Canova, dos amigos, irmãos, esposa, cunhado, filhos e da mãe.

"Quem bate esquece e quem apanha lembra."

Jair fez uma espetacular e marcante parceria com a cantora Elis Regina. Juntos, foram responsáveis, no Programa Musical "O fino da bossa", pelo início da carreira de muitos artistas como Clara Nunes, Benito de Paula, Vando, Martinho da Vila e Alcione, entre outros.

Agradecer é um sinal de maturidade. Mais do que isto, é uma capacidade interna de olhar para o outro, manter vínculos e construir histórias. A vida sem gratidão fica toda retalhada. Mesmo quem não tem esta capacidade pode refletir e desenvolver, exercitar as palavras e atitudes positivas, como elogiar o outro, *"quem sorri faz o outro sorrir"*. Por que não?

Jair faz referência aos seus ídolos do início da carreira, como Orlando Silva, Nelson Gonçalves, Dalva de Oliveira e Elizete Cardoso.

Missão

"Nós temos o dom da palavra e influenciamos pessoas. Temos que pensar sobre as informações que passamos. O cantor é imitado e sua grande responsabilidade é levar alegria aos outros".

Assim como Jair teve seus ídolos hoje ele é o ídolo e modelo para muita gente e isto é muito importante. Somos responsáveis, somos exemplos. Mesmo as pessoas que não têm um destaque social são modelos, nas suas casas, para seus filhos, netos, vizinhos, alunos e outras pessoas próximas.

Saúde

"Depois dos quarenta é preciso tomar tenência."

Respeita o seu corpo e as mudanças decorrentes do processo de envelhecimento. Não faz tudo que fazia com 20 ou 30 anos. Cuida da alimentação, embora coma de tudo um pouco e faz atividades físicas. Tem uma atenção especial com a voz, não força. Hoje considera sua voz melhor que antes.

Sucesso

Jair é uma pessoa feliz e diz que a felicidade está dentro dele. Considera o sucesso conseqüência de um conjunto de fatores. Ouvir! *"Eu ouço e fico quieto, depois vou para o meu melhor conselheiro, o meu travesseiro, daí eu penso."*

"Já me arrependi sim! Sou humilde, vou e falo!"

Diz ser guiado pelo coração, mas reflete sobre todas as coisas. Um supershow pode ser prejudicado por um pequeno deslize. Parece que são vários ingredientes que fazem de algumas pessoas mais bem-sucedidas e nós diríamos que elas irradiam algo singular. Tem que ter emoção. Percebemos na fala de Jair, assim como de outros entrevistados, o afeto. Um sentimento que faz com que estas pessoas comprometam-se. Pessoas que, por outro lado, toleram, escutam alguém, pensam e respeitam seus limites.

Fala da importância da simplicidade, mas também de se posicionar. Segue um caminho do bem, não prejudicando ninguém e aparecendo na hora certa.

Embora seja conhecido pelo Samba, o marco de sua carreira foi a música "Disparada". Possui um repertório variado. É o precursor do rap, ritmo tão em moda na atualidade.

Escolhe as músicas que grava. Ouve e depois faz um teste, quando canta para as pessoas no seu dia-a-dia. *"Quando fazem comentários, eu invisto nelas."* Leva para profissionais e as seleciona. Jair consegue conciliar o gosto popular e profissional. Participa de todo processo da composição do disco. Diz que a mixagem pode prejudicar a música, assim como melhorá-la.

Mensagem

"Passo para os meus filhos, mas seria egoísta se fosse só para eles... Respeite e ouça os mais velhos. A sabedoria, realmente, os mais velhos têm... Ouça os experientes... Ás vezes, achamos que sabemos tudo, mas ouça..."

Não tem como, em alguns momentos da vida, acharmos que estamos absolutamente certos, que o mundo está contra nós, os amigos, a família! Você não está! Selecione, fique atento. Deve ter alguém na sua história a quem você merece ouvir e para quem pode pedir ajuda.

Estamos lembrando de um paciente que há pouco tempo falava que não queria falar para a esposa que estava insatisfeito com algumas atitudes dela, e ela pensava que ele estava ocupado demais, e por conta disto, distante. Separaram-se e agora estão em psicoterapia para entender porque não falaram e o que faltou para compreender o outro nas entrelinhas de suas falas. A comunicação exige um entendimento maior, que não cabe nesta proposta, mas um exercício. No filme "A história de nós dois" (Rob Reiner, 1999), o casal, vivido por Michelle Pfeiffer e Bruce Willis, e os filhos, reuniam-se no jantar e falavam dos altos e baixos do dia. O enredo do filme é sobre a história de um casal que vive um momento de crise e tem um desfecho construtivo.

Espiritualidade

Jair conta que todos os dias, antes de deitar, reza. *"Com Deus eu me deito e com Deus eu vou deitar, sinto-me protegido por ele."* Mas também pede ajuda aos orixás, anjos da guarda e tudo que é do bem, não importa o credo.

A Família

Jair tem uma família que vive em harmonia. A mãe, já falecida, foi uma pessoa de extrema importância na sua vida. A esposa Clodine é a amiga e companheira de trinta anos de vida em comum, e o sentimento é de orgulho dos filhos, que seguem a mesma carreira. Jairzinho e Luciana são cantores reconhecidos e competentes. Estão juntos com freqüência. Procura orientá-los e ensinar-lhes sobre a profissão, "*mas também aprendo muito com eles*", reconhece orgulhoso do sucesso dos filhos.

As gerações sucedem-se entrelaçadas, cada qual com suas vivências, mas contribuindo com o seu melhor para o crescimento do outro. Coisas para aprender, coisas para esquecer e suplantar.

Sonhos

Ganhou recentemente o troféu Super Cap de Ouro. Gravou muitas músicas famosas como *Boi da Cara Preta.* Viajava para o exterior a trabalho de quatro a cinco vezes por ano. Hoje, gostaria de retomar sua carreira internacional, está selecionando músicas que ainda não gravou para um novo trabalho e tem novos planos para a carreira.

A Natureza

Vive em um local cercado pela natureza, amplo e arborizado, tendo um imenso jardim ao seu redor. Flores, pássaros, amigos e parentes que lá vivem, parecem protegê-lo e acompanhar seus passos. Sua voz privilegiada vai preenchendo os espaços por onde passa. A vontade é de não parar mais de ouvi-lo e pedir que cante para nós o tempo todo.

Todo este universo de encanto e beleza que o cerca parece desenhado especialmente para zelar pelo seu imenso sucesso. Que assim seja para a felicidade de todos nós.

Ronald Golias

11. Ronald Golias

A BELEZA DAS TROCAS ENTRE AS GERAÇÕES

Ronald Golias é um grande humorista que construiu uma carreira iniciada quando era muito jovem, a qual mantém até hoje. Para ele, o fato de estar ativo, aprendendo com as pessoas e as ensinando é mais importante do que a idade cronológica que temos.

"Não acredito em calendário. Eu determino a minha idade. Sinto-me nesta temporada. Sou do presente..."

As palavras iniciais de Golias fazem-nos refletir sobre uma frase que sempre falamos sem nos darmos conta: "Na minha época, eu fazia ou era assim." Que época? Estamos aqui e esta é a nossa época! Independente da idade, o ser humano tem direitos e deveres enquanto cidadão, deve ser um produtor social e para isto tem que se comprometer e encontrar uma sociedade que ofereça oportunidades em qualquer época da vida.

Carreira

Golias sempre foi artista. Iniciou sua carreira como "aqualouco". Sua veia humorística foi identificada por um produtor americano de shows aquáticos, quando esteve no Brasil para selecionar pessoas para a série "Aqualoucos". Percebeu que Golias, além dos pulos que realizava na água, também falava de forma engraçada e ainda provocava risos.

Foi assim que se iniciou uma carreira que se mantém ativa. Foram muitos trabalhos na TV, cinema e rádio. Golias é um artista e comediante que esteve e está presente na história de muitas gerações. Conta que seus personagens foram criados por ele mesmo. E quem não os conhece? Bartolomeu Guimarães, Bronco (Família Trapo), Pacífico, Isolda, além do programa "Golias Show". A carreira de Golias é sólida e sua habilidade de criar e fazer rir foi rapidamente identificada na sua vida. Sorte e assertividade talvez sejam palavras que definam este percurso de realização profissional.

Sucesso

MISSÃO. Para Golias sua carreira e o sucesso conquistado são rapidamente traduzidos em Missão de Vida. *"Através do humor eu passo mensagens positivas para as pessoas."*

Para as pessoas bem-sucedidas as conquistas não são egoístas e voltadas para uma realização apenas pessoal, elas transcendem... Sucesso é sempre vinculado à realização pessoal e ao desejo de fazer o bem.

Este sucesso ao longo da vida só pôde ser preservado porque teve parceiros e esteve aberto para a troca de experiências.

"Ninguém faz nada sozinho! Sempre fui ajudado, recebendo boa energia, contando com uma boa equipe. Isto em qualquer área profissional. Quando um craque de futebol faz um gol, é porque alguém lhe passou a bola!"

Compartilhar

Falamos para Golias que Jair Rodrigues agradece o apoio inicial à sua carreira e ele ficou surpreso. Disse, humildemente, que não fez nada, apenas foi um incentivador *"Quando assistia ao Jair cantar eu me sentia grato porque ele faz bem"*. Segundo ele, é este reconhecimento e incentivo que alavanca e ajuda as pessoas a acreditarem e a seguir em frente.

Golias, embora seja ótimo como profissional, o tempo todo pontua a importância do "Outro". Não de uma forma dramática ou demagoga, mas realista – fazendo para o outro e recebendo também. Esta troca humana é inerente, quando rompemos e nos fechamos em nós mesmos nada flui na vida.

Família

Considera importante as relações familiares, mas para ele há algo além. *"Somos cidadãos do mundo"*. Fazemos parte de um todo maior e temos necessidade de colaborar para toda a humanidade. Sente-se feliz com as relações que construiu e diz que *"Tudo valeu a pena"*. Hoje, curte os netos, com quem vive seus principais momentos de lazer.

Espiritualidade e destino

Temos que ajudar a vida, mas muitos planos já estão traçados. A vida ensina a aprender, sentir, observar e reconhecer a missão. Respeita a Deus, Jesus e à Natureza.

Amigos

"Tenho muitos amigos." Diz que não sabe criticar, que cada um faz na vida o que pode, e considera que somos todos iguais. *"Todo mundo quer ser feliz. Muitas vezes, nesta busca, sofremos bordoadas, mas sempre aprendemos com o dia-a-dia."*

Golias convida-nos a refletir sobre os laços de amizade. Temos que cuidar da relação com os nossos amigos, valorizá-las, respeitar os limites e sonhos do outro e dividir bons e difíceis momentos sem julgar os outros.

O que faria diferente

"Fiz tudo que podia e posso. Se tivesse que fazer outra coisa seria o curso de Direito porque gosto da profissão, e acredito que sempre alguém tem o direito a algo! Cuidaria do direito das pessoas."

Mensagem

"Goste do que faz!"

Golias deixa uma mensagem para todas as gerações. Fazer o que gosta... buscar sempre. Aceitar a experiência do outro. Aceitar os erros e as falhas. *"Ninguém é infeliz porque quer."* A vida deve ser encarada como um eterno aprendizado e as descobertas vão gerando novas oportunidades.

"O que foi bom e o que é bom vão ficar." Nada passa quando é realizado bem e com comprometimento. Quantas músicas ouvimos até hoje e nossos filhos gostam também... temos que fazer bem e confiar na vida.

"Quando tiver uma dúvida pergunte a uma criança... ouça... aproxime-se dos animais... você terá suas respostas." A pureza das crianças e dos animais ajudam e dão força.

Ele comenta que no filme "Homem Aranha 2" (Sam Raimi, 2004), há um momento em que o personagem principal (Peter Parker, vivido por Tobey Maguire) perde e tenta resgatar as forças de herói. Está andando pelas ruas quando toca uma música de fundo de Burt Bacharach. Neste momento, podemos refletir sobre a força da troca de gerações. Uma música antiga e um jovem... esta bela mistura pode possibilitar conquistas e o despertar dos heróis que estão dentro de nós! Para isso, temos que estar abertos para ouvir e sentir... Dispostos a falar e criar condições para ser escutado.

Golias finaliza sua entrevista falando de *Geratividade. "Passar o bastão".* Como os atletas... isto é a vida! "Hoje eu faço, você observa; depois você faz do seu jeito. É uma união de forças." A idade cronológica não determina como somos, porém, o tempo de vida e as experiências acumuladas possibilitam o desenvolvimento psicológico de deixar algo para a sociedade. Algumas pessoas deixam bens, outras são modelos como profissionais, mas também temos que valorizar pessoas que não têm uma expressão social conhecida e podem deixar, nas suas casas, palavras e frases de sabedoria conquistadas graças à vida. Sempre temos algo para contribuir com o outro.

José Peccinini Petri

12. José Peccinini Petri

A POSSIBILIDADE DA SEGUNDA CARREIRA

José Peccinini Petri é engenheiro aposentado e, atualmente, presidente da Sociedade Brasileira de Termalismo e vice-presidente da Organização Mundial de Termalismo.

Termalismo é uma palavra grega. "Termas" significa calor. Termalismo é o tratamento através das águas minerais naturais aquecidas. As águas minerais são utilizadas em benefícios da saúde do homem. No primeiro século da idade do Cristianismo, Plínio, o naturalista, utilizava as águas minerais naturais para o tratamento de doenças. Cada tipo de água mineral natural trata um problema diferente. Muitas pesquisas comprovam a eficiência e o poder das águas.

Conhecendo o Dr. Petri, temos um exemplo de que ao longo da vida podemos administrar nossa profissão e nos preparar para uma segunda carreira que seja uma garantia de prazer e atividade. Um homem que acredita na vida e diz que ela tem que ser vivida intensamente.

Carreira

José Peccinini Petri nasceu em Limeira, interior de São Paulo, onde morava sua avó. Conta que na época em que nasceu, as mulheres faziam seus partos na casa de suas mães. Em seguida, foi para Amparo, onde cresceu. Mudou-se para São Paulo em função dos estudos e trabalho, mas sempre manteve o vínculo com a cidade em que hoje, aos 79 anos, usufruí os anos da aposentadoria.

Formou-se em Engenharia Civil pela USP, Escola Politécnica. Iniciou sua vida profissional trabalhando na Companhia Paulista de Estrada de Ferro. Depois de alguns anos, passou no concurso para Engenheiro do Serviço público Estadual e pôde escolher e direcionar sua carreira para seu sonho, que era atuar junto às Estâncias Hidrominerais.

"Foi um idealismo. Por ter sido criado na região do hoje chamado circuito das Águas, sempre quis proporcionar melhorias para as estâncias. Eu queria defender as estâncias, e, na minha carreira, uma coisa foi amarrando a outra."

Assumiu mais tarde o cargo de Coordenador permanente das prefeituras do Circuito das Águas. Desenvolveu muitos projetos importantes de hotéis e balneários, como o da Estância Hidromineral de Serra Negra.

Começou a viajar para todo o mundo procurando cursos e reciclando-se para atuar com mais competência. Paralelamente, exerceu outras atividades. Foi assistente do Secretário de Cultura, Ciência e Tecnologia (incluía as áreas de Turismo e Esportes), José Mindlin; foi Prefeito da Estância Hidromineral de Amparo, entre outras funções de destaque social.

Petri diz que sempre foi persistente. *"Tentaram boicotar o meu trabalho, chegaram a me colocar numa função em que eu ganhava, mas não tinha atividade. Eu recusei. Acredito na honestidade e persistência. Foi assim que consegui superar injustiças e ter melhores condições de trabalho."*

Segunda carreira — Voluntariado

Depois de aposentar-se aos 60 anos de idade e já com os filhos criados, teve mais tempo disponível para dedicar-se ao trabalho voluntário na área do Termalismo. É freqüentemente chamado em todo o Brasil para orientar a formação de Balneários.

"Acredito no homem, na natureza e no bem-estar. Ajudando o ambiente eu ajudo as pessoas."

Espera que mais pessoas se interessem e possam fazer crescer o interesse por uma área que também favorece o turismo e o desenvolvimento dos municípios.

"Perguntam por que eu perco meu tempo...Não perco! É uma forma de manter o entusiasmo pela vida."

Família

Para Petri a família é a base da sociedade. Sempre, desde a infância, respeitou seus familiares. *"Meu pais ensinaram-me valores como os de honestidade, luta pela vida e respeito à família. Nunca me corrompi."*

"Meus filhos amam-me muito."

Durante a entrevista, muitos momentos são interrompidos pela emoção e sensibilidade de José Petri. Um homem dedicado e fiel aos seus princípios... aos filhos, netos e amigos.

Foi casado durante 49 anos com Maria Matilde. *"Minha mulher foi a mulher mais linda do mundo. Eu fui apaixonado por ela. Sempre me apoiou. Muitas vezes, eu tinha viagens internacionais e ela sempre me incentivou, assumindo alegremente os filhos e a casa."* Ele mostra uma foto da esposa e mais uma vez emociona-se. Viúvo há quatro anos, sente saudades da grande companheira de sua existência. Elogia a dedicação da esposa na educação dos filhos, todos formados e pessoas bem-sucedidas.

Amigos

Os amigos são fundamentais. "A amizade é a essência da vida." Procura ampliar e preservar os amigos. Muitas vezes, não consegue encontrá-los como gostaria, mas sempre mantém contato. Petri diz que devemos fazer das relações humanas formas de progredir e crescer enquanto pessoas, beneficiando a todos com decisões e escolhas assertivas, baseadas em dedicação, trabalho e luta.

José Peccinini Petri é um homem bondoso e amoroso. Comprometido com o bem-estar das pessoas e com os valores pessoais e sociais que formam o alicerce de uma sociedade justa: respeito, dignidade, honestidade, trabalho e justiça.

José Mindlin

13. José Mindlin

UM OTIMISTA INCORRIGÍVEL

O gosto e o interesse pela leitura fizeram nascer a maior biblioteca particular do Brasil. Esta é a grande paixão do jornalista, advogado, empresário, ativista social, pai, avô, bisavô e amigo dedicado, José Mindlin. São 35.000 títulos e, destes, sete a oito mil livros lidos por ele. A média é de 80 a 100 livros por ano. *"Devo ter esquecido de muita coisa, mas a leitura deixa algo no consciente ou no inconsciente, não se esquece tudo."*

Agora, mais seletivo na escolha dos livros e gostos, está relendo alguns autores, entre eles Guimarães Rosa, Machado de Assis e Proust. Em Proust, há o interesse por aprofundar-se no entendimento do ser humano, "*ele parece ter conseguido colocar um microscópio no interior das pessoas, no cérebro, perceber seu espírito, as emoções, as reações";* Balzac completa a compreensão de como as pessoas reagem a certas situações, dando um conhecimento maior do ser humano e da sociedade.

Como advogado, precisou conhecer a ótica do outro, o que o ajudou nos relacionamentos ao longo da vida e a melhorar, por conseqüência, o convívio entre as pessoas. *"Aprendemos a tolerar mais, inclusive as falhas."*

"Eu só sou intolerante com a intolerância." Nestes limites, Mindlin construiu seus relacionamentos de modo fácil e fluido. *"Ao longo do tempo, aprende-se a conhecer melhor as pessoas, criam-se afinidades com alguns, fica-se mais seletivo. Algumas entusiasmam de saída; depois a gente vai conhecendo melhor, e as falhas e deficiências vão aparecendo, daí o interesse diminui."*

Possui amigos espalhados pelo mundo, com quem mantém contatos freqüentes, entre eles o escritor Saramago. Refletir sobre sua vida fá-lo acreditar que as coisas aconteceram por acaso, nada foi muito planejado; talvez sorte? Um olhar para trás faria-o repetir praticamente todas as suas escolhas, pois *"a vida correu bem"*.

O casamento de 66 anos com Guita tem muita cumplicidade. Ambos possuem o gosto pela leitura, além de ele adorar ler poesia em voz alta e ela de ouvi-lo. Mindlin conta com humor sobre um casal que tinha o mesmo hábito da leitura de poesias, mas a mulher acabou pedindo o divórcio alegando maus-tratos.

A família compartilha deste interesse: os quatro filhos também gostam de leitura. São doze netos e vários bisnetos. Nascido em São Paulo, começou a trabalhar muito cedo, aos quinze anos e meio de idade, "bem precoce", como jornalista. Advogou muitos anos e depois, por acaso, virou empresário, dirigindo a Indústria Metal Leve.

"A atividade empresarial foi trabalho de equipe. Cada um teve uma parcela de mérito no bom resultado; todos contribuíam com idéias; quem quer resolver tudo sozinho vira ditador, ou fracassa totalmente. Acredito no trabalho em parcerias."

Mindlin dá-nos uma lição de tolerância e aprendizado ao falar que a soma dos pontos de vista diferentes das pessoas enriquece a todos. Exercer um trabalho voluntário faz parte do seu ser. Atualmente, preside o "Conselho Paulista de Leitura", projeto ambicioso da Secretaria Estadual da Cultura". *"Inocular o vírus do amor à leitura no maior número de pessoas"* é talvez um grande objetivo a ser conquistado. Fala com muita paixão que quem pegar o vírus estará contaminado até o fim da vida; não por ser uma obsessão, mas um grande gosto.

"Tenho muito mais contato com quem gosta de ler, mais afinidade." Seu pai dizia-lhe: *"saber não ocupa lugar*". Mindlin está sempre com um livro na mão. Suas leituras são feitas em somas de pequenos períodos, pela exigência das muitas atividades que realiza.

"A leitura é um interesse central de vida."

Mindlin tem interesses variados por diversos assuntos, por conta da curiosidade por tudo ao seu redor. Procura acompanhar as mudanças do mundo. Mantém um bom contato com os jovens, acredita na força da juventude, "tem que se respeitar a independência de interesses".

"Leitura é um campo de liberdade, cada um tem seu gosto."

Denomina-se agnóstico. *"É difícil acreditar em certas coisas, referindo-se à religião."* O sentido espiritual da vida é encontrado através da música, das artes, enfim, de algo que *"alimente as emoções, que dê mais sentido à vida"*.

Descendente do judaísmo, que, como diz, é um conjunto de experiências milenares que formam uma tradição, não segue os rituais, mas se dedica às entidades sociais. *"Ser judeu é inquestionável, sabemos que somos; mas dizer que é o povo escolhido é dizer, então, que foi escolhido para sofrer."*

Critica e acha extremamente injusto o trabalho massificado, sem descanso e sem a oportunidade de desenvolver o lado lúdico, tão necessário ao bem-estar humano. *"A pessoa que trabalha como uma máquina, fazendo sempre a mesma coisa todo dia, dormindo pouco, leva uma vida triste. Quem teve o privilégio de estudar, de adquirir conhecimentos, tem que contribuir para mudar esta situação, despertar uma nova consciência."*

A filha Diana desenhou um ex-libris, presenteando-o uma vez, com a máxima de Montaigne: "Não faço nada sem alegria." É difícil fazer só o que se gosta, mas é possível buscar o que dá prazer e mesclar com as tarefas que somos obrigados a fazer.

Mindlin conta que mesmo quando exercia atividade empresarial, ela não foi a tarefa principal em sua vida. *"Eu sempre achava tempo para a leitura, viagens, contatos humanos. Não me deixei envolver só pelo lado empresarial, procurei fazer uma atividade bem-feita, mas me dedicar a muitas outras coisas."*

Sua vida possui marcos interessantes, e por ser uma pessoa ávida pelo conhecimento, pelas novidades e por desafios, sempre encontrou um caminho novo. O grupo de que fez parte na Metal Leve era formado por pessoas a quem as coisas fáceis não interessavam – gostavam de desafios. Conta que tinha um grupo de pessoas na empresa que gostava de pensar, para não fazerem tarefas monótonas, mas enfrentarem coisas difíceis.

Foi, como se denomina, "um empresário empírico", já que não aprendeu a profissão a não ser na prática. Reflete que, antigamente, as pessoas tinham que ser polivalentes, saber de tudo. Hoje, há excesso de especialização, de profissionalização. Diz ter mais confiança em um médico que gosta de música do que os que não gostam.

Dos pais, recebeu, com os irmãos, o sentido dos verdadeiros valores, onde fortuna, sucesso material e dinheiro não são fundamentais. *"Dinheiro é um instrumento útil, mas dentro de certos limites, não pode passar daquilo que a pessoa pode gastar. A pessoa que vê no dinheiro algo a ser perseguido não pode ser feliz."*

Para encontrar a felicidade é preciso estar em paz consigo mesmo e *"é preciso gostar da vida. A pessoa que não gosta e vê o mundo com olhos de que está tudo errado é um infeliz... eu sou um otimista incorrigível"*.

Segundo Mindlin, *"as coisas ruins são acidentes de percurso, são passageiras; é preciso gostar da vida e crer nos verdadeiros valores"*.

Sua entrevista nos fez acreditar que podemos conseguir o que queremos com sensatez, lucidez e muito respeito por si, pelo outro e pela vida.

Para conhecer um pouco mais desta pessoa maravilhosa, lemos, de sua autoria, ***"Uma vida entre livros: Reencontros com o tempo"*** (Edusp/Companhia das Letras, 1997). Ficamos encantadas com a vitalidade e como uma paixão é construída. Ler é sua grande companhia, fonte que lhe alimenta e inspira. Quem dera pudéssemos todos adquirir este vírus e não sermos nunca mais curados, para nosso próprio bem.

Adilson Dallari

14. Adilson Dallari

A CONQUISTA DA QUALIDADE DE VIDA

Adilson Abreu Dallari, um dos mais importantes juristas do Brasil, realizou o que seu pai ensinou-lhe. *"Meu pai, na sua simplicidade de sapateiro, foi um homem com visão. Dizia que temos que ser o melhor em qualquer profissão. Se eu fosse sapateiro, teria que ser o melhor!"*

Após os primeiros minutos da entrevista, ficamos contagiadas pela garra, alegria e comprometimento com a carreira brilhantemente conduzida, e mais do que isso, com seu comprometimento com a vida!

Sucesso e história

Começamos falando sobre *Sucesso* e, rapidamente, Adilson coloca que não podemos limitar o conceito de sucesso ao trabalho. Diz que o sucesso é fragmentado, no sentido de que abrange qualidade de vida na carreira profissional, mas também na família e na saúde. *"Não faz sentido você ser bem-sucedido na carreira e ter uma família* grau. Algumas famílias mandavam apenas seus filhos para a capital, mas os pais de Adilson optaram pela mudança de toda a família.

O pai de Adilson foi ótimo profissional e era proprietário da primeira loja de calçados em Serra Negra. *"Em São Paulo, meu pai teve que ser empregado de loja."* Mesmo tendo estabilidade no trabalho e morando numa cidade tranqüila, teve coragem e provocou uma mudança que foi determinante para o sucesso dos filhos.

"Só os fortes emigram", frase que Adilson usou para definir a coragem e audácia do pai na busca por melhores condições de vida.

Em São Paulo, Adilson estudava e trabalhava como *office-boy* e, depois, bancário. Estudava, trabalhava e fazia estágio. O dia todo dedicado ao caminho do sucesso. Estas escolhas diárias da vida já são o sucesso. Mesmo quando *office-boy*, já era um homem bem-sucedido.

A escolha pelo Direito aconteceu na juventude. Quando criança, dizia que seria veterinário e ainda adora animais, mas foi descobrindo o prazer pela leitura e conhecendo o Direito através do seu irmão, o jurista Dalmo Dallari. Naquela época, poucos tinham TV em casa e quem não tinha era *"televizinho"*: assistia na casa de algum vizinho. *"O fato de não ter TV em casa favorecia a leitura, e com a leitura aprendemos a pensar, imaginar, tirar conclusões e desenvolver o raciocínio abstrato. Comecei lendo livros como Tarzan, O Último dos Moicanos, e fui aprimorando."*

Ler é apaixonante. Atualmente, temos muitas opções de lazer, mas temos que oferecer e criar oportunidades na vida de nossos filhos para esse contato com o mundo dos livros, da imaginação, do abstrato, do pensar.

Adilson fez Direito na USP de 1962 a 1966. Uma época historicamente importante e difícil no Brasil. *"Na minha sala de aula havia estudantes da direita, favoráveis ao governo, e da esquerda, opositores da ditadura. Alguns deles foram mortos... Quando você passa por um choque desses tem que mergulhar."* Quase todos os colegas de classe, hoje, são importantes profissionais nas diferentes áreas do Direito. A vida e a morte impulsionaram-nos para a busca de justiça.

"Dediquei-me muito mesmo. Pensava no esforço que meus pais fizeram e nas controvérsias naquela época." Foi envolvido com todas as atividades da vida acadêmica, de presidente do diretório acadêmico a presidente do coral de alunos.

Após a formatura, surgiu um novo desafio para Adilson. Foi convidado pelo renomado professor Hely Lopes Meireilles para ser seu assistente. Profissional rígido e muito capacitado, o Professor Hely ofereceu dois meses de experiência, destacando que ele teria que ser muito bom para continuar.

"Quando você tem uma oportunidade não pode desperdiçar!" Estudou muito o Direito Administrativo e conseguiu mais uma vez! Depois de dez anos, era diretor do Centro de Estudos e Pesquisas de Administração Municipal – CEPAM, um dos melhores cargos da sua área. Mesmo assim, deu um novo salto profissional.

Foi convidado para se associar ao escritório de advocacia dos professores Geraldo Ataliba e Celso Antônio Bandeira de Mello, juntamente com Michel Temer. *"Larguei tudo. Foi o grande salto da minha carreira!"*

As pessoas de sucesso se apaixonam pelos seus sonhos e provocam mudanças quando necessário; sempre com a dedicação e muito estudo que os novos projetos exigem.

Foi esse grupo de brilhantes profissionais que realizou importantes trabalhos na área do Direito Público, inclusive a implantação da pós-graduação na PUC, com os cursos de especialização e mestrado. *"Introduzimos um novo método de pensar o Direito. Ensinamos que os problemas jurídicos não comportam soluções únicas e inquestionáveis, mas, sim, ensejam controvérsias que devem ser pensadas e discutidas. A norma jurídica permite uma pluralidade de interpretações."*

Dallari define-se como *"um jurista rebelde"*. *"Gosto de desafios. Não gosto de caminhos já trilhados. Não só pela novidade, mas porque quando vejo algo na minha frente sem solução, quero contribuir."*

Recentemente, orientou juridicamente a mudança completa do sistema de transporte coletivo da cidade de São Paulo. Está estudando as chamadas PPP – Parcerias Públicas Privadas –, outro tema controverso. Atua como consultor na área jurídica em todo o Brasil e é orientador dos programas de mestrado e doutorado da PUC/SP.

Como diria seu pai, Bruno Dallari: "Ele está sendo o melhor!"

Família, amor, amigos, saúde, lazer e espiritualidade... Qualidade de vida!

Família para Adilson é algo extremamente forte. *"Minha família é de italianos... de origem simples, mas que valorizam os princípios fundamentais da vida: trabalho, honestidade, compreensão e respeito."*

Adilson enfatiza a importância que tiveram em sua trajetória os valores aprendidos com seus pais, os quais são a base de sua conduta e vida. Preserva relacionamentos com toda a família, inclusive tios e primos.

Hoje, é casado com Marisa Avancini. Quando perguntamos da esposa, seus olhos brilharam e logo falou da competência da mulher. Marisa é ortodontista, uma profissional de grande destaque na sua área, uma mulher linda, que forma com Adilson um casal admirável.

Adilson coloca que este é o segundo casamento. Mantém uma relação de respeito e amizade com a ex-mulher. *"A separação somou a minha vida porque mantenho bons relacionamentos com os sobrinhos do primeiro e segundo casamento."* Essa fala de Adilson, muito bem-colocada, mostra-nos que ter sucesso é você interromper histórias afetivas que acabaram, ter coragem para preservar a dignidade e finalizar com dignidade. Quantas pessoas que conhecemos ao longo da vida vivem casamentos falidos e fogem da casa afundando-se no trabalho. A pessoa bem-sucedida investe sempre, mas sabe parar, fazer escolhas e finalizar histórias.

Foi a dignidade com a qual conduziu sua separação que fez com que encontrasse uma nova relação harmoniosa e de amor.

Marisa e Adilson, juntos, cuidam da saúde e desfrutam do lazer. *"Hoje, nós procuramos melhorias para a qualidade de vida"*. Praticam atividade física, orientados por um *personal trainer,* e cuidam muito da alimentação. Viajam muito e passeiam também. *"Eu não me sinto culpado de ter este padrão de vida. Eu comecei ganhando meio salário mínimo; lutei para chegar onde estou."* As pessoas bem-sucedidas sabem que merecem – e que todos merecem – ser felizes.

Adilson tem uma preocupação social e faz regularmente muitas doações para diferentes entidades. Diz que pode ajudar e faz questão de colaborar.

Mantém amigos da infância em Serra Negra, como José Omir Gallo e outros que conheceu ao longo da vida, como Lawrence Graham, um americano que se tornou seu amigo quando fez um curso em Harvard, nos EUA, em 1964.

Conta que, naquela época, estudou nos EUA como participante de um programa de bolsas, no qual estavam brasileiros de diferentes faculdades, militantes políticos tanto da direita, quanto da esquerda, e americanos. Conviver com esta importante diferença acrescentou muito à sua vida. Sempre que inicia uma conferência cita esta frase: *"Quem diverge não ofende, só pensa diferente."*

A espiritualidade é fundamental para Adilson. Católico em função da tradição familiar, hoje é espírita. Para ele, o que é importante são os valores religiosos e não a religião. *"Se você é extremamente materialista, não consegue ter ética."* A espiritualidade oferece uma base nterna para o ser humano.

Mensagem para os jovens

"Vale a pena a aplicação. Você vai confirmar isso no futuro. Descubra sua vocação e se aprofunde. É preciso dedicar-se e trabalhar muito."

Adilson finaliza dizendo que hoje vivemos numa sociedade hedonista, que valoriza muito o lazer, que também é importante. Pudemos ver como ele preserva muito a qualidade no seu dia-a-dia, mas acrescenta que, para ter sucesso, deve existir dedicação, deixar de fazer coisas para investir na construção do futuro. O sucesso não é mágico; é fruto de trabalho, honestidade, amor e dedicação. *"Não faltam lugares para os melhores, mas para os medíocres vai faltar."*

Diferente da época da formação acadêmica de Adilson, atualmente, os conflitos não são políticos, mas sociais, gerando a violência, que aniquila a qualidade de vida. *"Mudaram os problemas, mas os conflitos existem; não dá para ignorar ou sucumbir, mas compreender, enfrentar e buscar soluções."*

Depois de ouvir Adilson Dallari, confirmamos que ter sucesso é um posicionamento diário de comprometimento com a qualidade da vida. Os ingredientes são: determinação, coragem, dedicação e administração das esferas de vida, como família, trabalho, saúde, lazer e espiritualidade.

Nydia Licia

15. Nydia Licia

DE BEM COM A VIDA

O sorriso nos lábios, o semblante sereno são marcas suaves que se contrapõem com a pessoa de personalidade forte e batalhadora.

Uma vida e muitas histórias de sucessos e realizações.

Início precoce, Nydia escreveu sua primeira poesia aos oito anos de idade; aos nove anos, uma peça de teatro com todas as cenas e cenários.

Nascida em Trieste, Itália, migrou para o Brasil em 1939, aos 13 anos, com a família de origem judaica, fugida do nazismo. Esta mudança interrompeu a fase criativa por muitos anos. *"Cheguei a escrever, mas poesias sem fé, com teor amargo."*

Da união com Sérgio Cardoso, nasceu a única filha, Sylvia, *"um grande amparo em todos os sentidos"*. Há muita cumplicidade e compreensão entre ambas, sem falar da admiração pelo sucesso em profissões tão diferentes. *"Sylvia puxou outro lado da família, é médica, como o meu pai e meu irmão."*

Nydia iniciou a carreira artística como atriz, depois foi diretora e produtora teatral, escritora e hoje leciona na área de Comunicação. Trabalhou em teatro, cinema e televisão.

Como escritora, iniciou escrevendo as lembranças da infância, pensando nos netos, que mais tarde, interessar-se-iam por conhecer as histórias da família. Incentivada pelos amigos, como Sérgio Viotti, Jacob Guinsburg, Sábado Magaldi, José Mindlin, e parentes, continuou a escrever, o que resultou no primeiro livro: "Ninguém se livra de seus fantasmas" (autobiográfico, Editora Perspectiva, 2002).

Depois veio o segundo livro, solicitação do amigo Rubens Ewald Filho, para a coleção "Aplauso", sobre a vida de Sérgio Cardoso, "Imagens De Sua Arte" (Editora Imprensa Oficial, 2004).

Mas o teatro foi a grande paixão, embora realizasse, em cada época, o que sempre quis com muito empenho.

Passado

"Olhar para trás é perceber que tudo foi uma preparação para o que vinha depois, tudo na vida tem um caminho." Nydia não fica agarrada ao passado; quando pensa na época da juventude, pensa que agora é outro tempo. *"Tenho lembranças maravilhosas, com carinho pelo passado, não com saudades."*

Espiritualidade

"Uma vida não resolve toda a existência. Temos uma vida eterna, voltamos sempre, lucramos com as coisas novas aprendidas, senão nada faria sentido."

Nydia vê a vida com a possibilidade de sempre poder recomeçar, com a espiritualidade acompanhando, em todos os momentos, "uma crença em algo superior".

Reforça que é preciso acreditar na vida e nas boas ações, pois a propensão no mundo atual é por viver uma vida sem ideais, tamanha são as dificuldades cotidianas.

"A vida é um dar e receber constante."

Trabalho

Hoje em dia, o que aprendeu procura transmitir, principalmente, aos seus alunos. Leciona Voz e Interpretação na Faculdade de Comunicação da FAAP e na Escola de Teatro Célia Helena.

Comunica-se com facilidade com os alunos; a relação flui, a interação acontece muito espontaneamente. A sala de aula é o palco atual, onde riem, brincam e se divertem, mas todos têm muito respeito pelas suas experiências profissionais.

Esta atividade estreita os vínculos com a juventude. *"A vida não é fácil, mas pode ser vivida, não há necessidade de drogas, das loucuras que não levam a nada; o talento não está numa pílula ou em uma ponta de cigarro, está dentro de nós, deve-se ter confiança em si mesmo."*

A felicidade, para ela, vem do lado positivo da vida, principalmente com o retorno dos alunos, que vão se interessando pela matéria, mudando de atitude, progredindo e evoluindo no resultado prático do curso. *"Dar aulas hoje é meu grande prazer, é muito gratificante, dá-me um retorno fantástico."*

Lazer, tempo livre e amigos

Atualmente, gosta de ficar em casa, tranqüila. É um momento de encontro consigo mesma. Como *hobbie*, faz palavras cruzadas em italiano, língua natal que domina até hoje. Gosta, ainda, de ouvir música, assistir à televisão, mexer no computador, ler e escrever. A época de muitas saídas sociais foi substituída pelo gosto de ficar em casa por mais tempo: *"é a própria quietude da alma"*.

Tem um grupo de amigos que a acompanha por mais de 50 anos. Um grupo seleto de amigos e um grupo grande de conhecidos.

"Os amigos são amigos mesmo, absolutamente fraternais."

Família

Há um carinho muito grande entre todos.

A relação com os netos é ótima; "inteligência e bom humor" são características apaixonantes que Nydia preza nas pessoas, em especial nos netos. A veia artística está presente em ambos. João toca vários instrumentos, como piano, violão e bateria (cursa ainda Engenharia na Politécnica/ USP). Pedro fez Artes Plásticas e Publicidade, pinta e escreve.

Vão sempre às peças de teatro que Nydia dirige. *"Por estas afinidades, é mais fácil conversar determinados assuntos e nos entendermos muito bem."*

Maturidade

"É aceitar... perceber que nada é tão importante assim a ponto de ter uma úlcera, que tudo tem um outro lado."

Isto inclui, segundo Nydia, respeitar e entender o pensamento das outras pessoas, ser compreensiva e aceitar os outros como são.

Em outra reflexão, permite a serenidade que hoje se encontra. *"Eu era muito convencida. Houve um momento em que queria ser uma grande atriz, mas eu fui uma atriz... não tinha necessidade de ser tão importante, afinal isto traz é um peso."*

Amadurecer é aceitar-se dentro das suas limitações, transmite-nos ela.

Busca entender as situações de vida com bom humor e, principalmente, controlar o pensamento. *"Antes, eu mergulhava na tragédia, tinha pensamentos angustiados."*

Hoje, confia mais em si, tem mais segurança no que faz e tem suas técnicas para viver melhor. Uma delas é a "simplicidade da vida", não tornar as coisas complicadas.

Balanço de vida

Nydia é esta pessoa multifacetada, com muitos talentos. Os projetos vão brotando e a cada etapa da vida findam e dão espaço a outros. Foi assim como atriz e com todas as outras inúmeras atividades que exerceu.

"A vida ensina muito... olho para trás e agradeço todas as dificuldades, tudo de ruim que me aconteceu, pois foi o que me forjou. Se eu não tivesse passado por estas dificuldades, hoje eu estaria desesperada, por não ser mais jovem, pelo meu teatro, pela carreira de atriz... eu estaria presa. As dificuldades ajudam a se afastar disto, a abrir mão daquilo e, assim, construir uma vida muito boa como a que tenho agora."

Nydia, de forma muito gratificante, transmite-nos o gosto pela vida, sem medo do novo ou do que virá. Ao observá-la, percebemos como é bom e digno construir as ações em bases sólidas e respeitar os próprios desejos. Mais do que tudo, confiar em si.

"Abrir os olhos, olhar ao redor, não olhar o passado, mas para frente."

Inezita Barroso

16. Inezita Barroso

VITALIDADE

Conversar com Inezita em sua casa foi um imenso prazer… histórias de vida com café e docinhos num ambiente de aconchego… Nos mostrou que a personalidade está em tudo a nossa volta, nas plantas, nos animais de estimação, nos objetos que escolhemos, quadros, etc.

Inezita é cantora, instrumentista, arranjadora, folclorista e atriz. Responsável pela propagação do folclore e da música caipira através de programas de rádios, apresentações e lançando compositores, cantores e outros talentos. Atriz de cinema, apresentadora de televisão, participante e vencedora de festivais internacionais. Criadora de dois importantes ícones da música popular brasileira, "Moda da Pinga" e "Lampião de Gás."

Sucesso para Inezita é algo mutável. *"Ás vezes achamos que temos, mas outras não achamos e temos."* O reconhecimento do público e da mídia oscila, mas Inezita construiu uma história de conquistas e lutas, e nos posicionamentos diários mostra que é uma mulher de sucesso nas suas verdades e comprometimentos.

Para a cantora, sua carreira é uma missão… Alguns estados do Brasil e regiões mereciam ser falados e ela levantou a bandeira… da música Brasileira Folclórica Caipira.

Além de ter habilidades natas para a música, desde menina escutava e espiava as aulas da tia de violão, e depois pulava a janela da sala de música e ficava sozinha estudando. Inezita cuida de sua profissão, estuda, pesquisa. *"Eu só canto se entender."* Uma carreira de 51 anos, com aproximadamente 80 discos gravados.

"Me chamam de locomotiva…" Nasceu num domingo de carnaval… passava em frente à sua casa o Cordão Camisa Verde, hoje a escola Camisa Verde e Branca… a música já fazia parte de sua vida, o avô gostava, todos os dezoito tios estudaram um instrumento,

mas foi Inezita que seguiu a carreira. Nas férias na fazenda da família, se juntava aos colonos e cantarolava ao som da viola. Na época, mulher não tocava viola, mas ela enfrentou os preconceitos e mudou este conceito. *"Minha vida inteira é de lutas e batalhas... essa guerra é que me leva para frente!"*

Deus... é uma força maior que para Inezita está sempre presente... *"Quando canto sinto que levanto do chão e mesmo sendo míope consigo ver todo o público... Existe uma força maior."*

Inezita tem outras habilidades artísticas, além da música: adora cozinhar, fazer cerâmica, bordados, pinturas, etc. Viajou por quase todo o Brasil fazendo shows e muitas vezes dirigindo seu próprio carro, o que lhe dá muito prazer.

Para ela realização não chega nunca... *"Você sempre está correndo atrás... e esta busca é que dá o movimento..."*

Amigos e família são cuidados por ela... uma filha e três netas... os alunos das duas faculdades que leciona e estagiários também recebem sua atenção e exemplo. Por dar aulas de Estudos Brasileiros e Folclore Brasileiro recebe inúmeras solicitações sobre o assunto, sendo até uma referência destas questões até no exterior.

Bibliotecária pela USP, fez parte da primeira turma deste curso, não trabalha na área no momento, mas mantém o hábito da leitura e organização.

Qualidade de vida é, além de atuar na profissão que se gosta, cuidar também do corpo para manter a saúde e não simplesmente por vaidade. Faz natação e sempre foi muito esportista. O dinheiro é bom para o básico e o conforto, mas "*se tem muito dinheiro começa-se a tomar mais conta dele do que da gente*".

Uma mulher de muitas faces, que luta, acredita e rompe barreiras...a idade lapidou os valores...para os jovens orienta terem disciplina e educação...

Quase 200 medalhas e troféus, marcas de uma mulher que o tempo todo nos contagia com sua vitalidade!

Robertinho do Acordeon

17. Robertinho do Acordeon

DETERMINAÇÃO

Robertinho tem 50 anos de profissão. Teve desde a infância convivência com o mundo musical. Tanto pelo lado da família do pai como da mãe, cresceu ouvindo música. De descendência italiana, que admira os sons do piston, trombone e do acordeon, foi este último que predominava, e o instrumento escolhido por ele para uma vida de dedicação e fidelidade. Todos na família tocavam amadoristicamente, Robertinho transformou a grande habilidade em profissão.

Iniciou a carreira como autodidata, começou a tocar porque gostava e pelas necessidades da vida, *"eu precisava trabalhar e sobreviver, ajudar em casa, por ser o filho mais velho"*. Somando seus cursos teve somente o equivalente a um ano de aula.

Tem paixão pelo acordeon, embora seja um instrumento que ninguém dá valor no meio artístico, pois é um acompanhamento da música sertaneja, que "não está na moda".

Lembra-se com saudades de uma época mais romântica, *"não tão longe, mas de 15 anos para cá mudou muito os estilos musicais"*.

Trabalho nunca faltou para este músico repleto de múltiplos talentos. Trabalha com diversas atividades ligadas à música: faz shows, jingles, gravações religiosas, e é especialmente um produtor musical. Na TV Cultura está a 25 anos no programa "Viola Minha Viola", onde é coordenador musical e acompanha, junto com o seu Regional, a cantora Inezita Barroso.

A maturidade da vida, para Robertinho, lhe trouxe mais experiência, principalmente em sua carreira, com o domínio do instrumento. Emocionalmente se sente muito melhor, *"agente sabe mais das coisas, sabe o que vai acontecer, se prepara melhor... o problema é que esta maturidade traz junto a idade, isto é, sentimos algumas mudanças físicas"*.

Robertinho nos conta que por ser o acordeon um instrumento pesado, este acarreta uma série de desgastes, "mas *são mudanças normais para meus 62 anos, pois, francamente, eu me sinto muito bem, a passagem do tempo é decorrência da vida, faz parte".* Robertinho nos fala da importância musical do acordeon, instrumento que no Brasil ficou restrito a um tipo de música, a sertaneja, *"na Europa ele é muito respeitado, é valorizado como instrumento e tem seu papel em uma orquestra. Mesmo nas casas, deve ter um acordeon fazendo parte daquela família".*

Toca piano, teclado, contrabaixo, mas é fiel ao seu instrumento de paixão. É um dos últimos a tocá-lo com esta dedicação, junto com Mário Zan, Dominguinhos e Oswaldinho. Lembra que o último grande sucesso do acordeon no Brasil foi em 1958 com Mário Zan, o tango "Capricho Cigano".

Robertinho, músico e compositor, tem por volta de 12 discos gravados. O sucesso é continuar ativo, poder se apresentar para o público, mostrar o valor do acordeon, seus sons e o que se pode tocar com ele, instrumento que acredita tanto e se identifica tanto que creditou nele o seu sobrenome *"Robertinho do Acordeon".*

Robertinho nos fala da luta por manter viva uma tradição folclórica que se perde com o tempo e pelos modismos. Mas, para ele dedicar-se com paixão é continuar não importa os desafios. É trazer também para as novas gerações, enquanto puder, a história de uma arte que ele carrega na bagagem familiar e que lhe serve de profissão, mas principalmente no exercício de um grande talento. Isto é atemporal.

Mauro Salles

18. Mauro Salles

UM COLECIONADOR DE VITÓRIAS

Múltiplas profissões, múltiplas atividades e paixões, um dinamismo que está no brilho do seu olhar. Mauro Salles, 72 anos, nascido em Recife, Pernambuco, é casado com Thereza, tem três filhos, nove netos. É jornalista, advogado, publicitário, professor universitário e poeta. Iniciou a vida profissional dos 14 para os 15 anos como fotógrafo. Essencialmente uma pessoa de comunicação. Segundo ele, tem um fascínio pelas palavras, *"as palavras, tudo conseguem – na poesia, nos discursos, nos negócios"*.

Mauro sempre foi uma pessoa muito decidida ao procurar suas escolhas profissionais, mas elas também foram a interação de vários fatores, dos quais, a marca da família que está sempre presente. O pai, Apolônio Salles, vinha de uma família de quinze irmãos e a mãe, de quatorze irmãos.

Aprendeu muito com os dois a forma de ser e trabalhar. *"Ambos suaves, mas determinados e enérgicos quando era preciso."* Não seguiu a carreira de Agronomia como era o desejo do pai, mas recebeu dele apoio em suas decisões, diretrizes, orientações e conselhos.

A Faculdade de Direito foi escolhida para dar uma base cultural, e ingressou, logo após, na primeira turma da Faculdade de Jornalismo da PUC do Rio.

No grupo Globo, começou trabalhando para as revistas, depois para o jornal e a rádio. Foi diretor de redação de O Globo e participou da fundação da TV Globo, como seu primeiro diretor de jornalismo.

Com toda esta bagagem surgiu a oportunidade de abrir a própria empresa, a Mauro Salles Publicidade, hoje a Publicis Salles Norton, uma das três maiores agências do mercado brasileiro. Ela integra o Publicis Groupe, que só na América Latina é um composto de mais de 40 agências, que tem o filho Paulo no comando regional. Na agência brasileira, Mauro permanece como vice-presidente do Conselho.

Da saída da Presidência da Agência, Mauro diz que planejou este momento para o marco dos 60 anos de idade, e que só o concretizou aos 65 anos. *"A pessoa tem que perceber que com a idade tem uma bagagem de informações para transmitir, mas tem que mudar... A área executiva tem que refletir essas mudanças: são novas crenças, atitudes e determinações. Mudei de área de atuação. Não pelo fator tempo de vida ou competência, mas pela consciência de que deveria procurar dar minha contribuição da melhor forma."*

Não era importante para ele permanecer no cargo ou dirigir pessoas, mas o momento exigia colocar suas experiências e conhecimentos em outras atividades. Sorte dos alunos, amigos e todos que podem escutá-lo nas aulas das Faculdades, nas palestras, ou nos Saraus declamando poesias.

"A imensa maioria das pessoas que têm frustração se julgam eternas naquilo que fazem; estão mais preocupadas com este poder do que com a vida e com a obra."

Atualmente preside a InterAmericana Ltda., empresa de consultoria, que já acumula diversos sucessos empresariais. O neto Jayme está junto com ele em uma grande sintonia, *"aprendendo e ensinando"*, como Mauro diz ser a grande lição da vida. Três outros netos seguiram a carreira publicitária, todos trabalham em grandes agências, mas em nenhuma do grupo Publicis.

"Realização é ter resultado positivo para alguma coisa que você sonhou, projetou e implementou."

Neste compasso de começar e recomeçar constantemente, Mauro se diz *"um adolescente aos 72 anos e um aprendiz em estado permanente de aprendizado"*.

Para Mauro é essencial fazer tudo com paixão, com envolvimento, *"somos obrigados, é claro, a fazer certas coisas por obrigação, mas para mim é sempre um desconforto esta situação"*.

Uma das suas paixões são os carros, que na juventude o fizeram ser corredor, na categoria carro esporte. Da posição de *"vários penúltimos"*, nas corridas surgiu o gosto por colecioná-los. Possui dez automóveis antigos, entre eles um Chevrolet 1915, o carro mais antigo do Brasil em condições de uso.

Requisitado e imensamente admirado pelos que com ele convivem, Mauro nos ensina os vários caminhos possíveis: os da garra, determinação, inquietação humana. O de sempre ser possível, de perseguir e colecionar vitórias.

Ao receber o título de Professor Honoris Causa da UniFIAM-FAAM ,há dois anos, encerrou seu discurso dizendo: *"Estou trabalhando como nunca, e procurando aprender as lições que amanhã me permitirão novos recomeços, com a ajuda de Deus."*

Para Mauro cada dia é este novo recomeço com o entusiasmo de quem *"não deve deixar de fazer as coisas com alegria"*.

Para os jovens e as futuras gerações estimula perseguir o diploma e, ao mesmo tempo, *"procurar aprender a aprender"*.

Outra grande paixão é a poesia, contida nos inúmeros livros, que nos deliciam e encantam, fazendo a sensibilidade rechear nossa mente e alma.

De sua antologia, recém-lançada (***"50 poemas escolhidos pelo autor"***), selecionamos o que nos fica como uma grande lição: a de não ter medo da vida, não desanimar com os seus dissabores, agarrar as oportunidades, perseguir os desejos e valorizar as conquistas e os sucessos acima de tudo.

Recomeço

Hora de rever
Os velhos passos

Retornar a recantos
Olvidados

Reinventar as manhãs
De tantas noites

Reescrever o percurso
E ouvir o canto
Dos versos esquecidos

Fazer de novo o gesto
de amizade

Ousar o amor
Inalcançável

Buscar no vôo de ontem
A chave do destino

E abrir a porta
Acolher os que voltam
Da viagem
Os que se levantam
No meio da noite
Pastoreando estrelas
Para escrever histórias
De recomeço e esperança

III — Reflexões e Atitudes

"Ainda que os teus passos pareçam inúteis, vai abrindo caminhos, como a água que desce cantando da montanha: outros a seguirão."

Saint-Exupéry

Pensar e refletir. Embora nossos desejos sejam fundamentais para guiarem-nos, comprometerem-nos e criarem vínculos, é o pensamento e o autoconhecimento que norteiam nossos impulsos, escolhem as opções saudáveis, os ganhos que são construtivos e levam para um caminho crescente... O conhecido caminho do bem.

As histórias relatadas mostram que é o afeto que motiva, mas a reflexão que direciona as escolhas assertivas. Aprendemos com as experiências relatadas e isto fortalece-nos, como quando assistimos a um filme no cinema e saímos prontos para mudar algo, mas depois vem o dia seguinte e o outro e tudo continua como antes. É importante que seja feita uma reflexão e uma execução.

Todas as pessoas entrevistadas falaram de desejos e do empenho para as conquistas. Muitos projetos foram adiados ou substituídos ao longo da vida, mas nunca abandonados. São as atitudes que concretizam os desejos. Temos que sonhar, planejar e realizar. Depende de nós!

No filme "Proposta indecente" (Adrian Lyne, 1993), o personagem principal (John Gage, vivido por Robert Redford) conta que, uma vez, viu uma moça entrar no metrô em que ele estava. Ele ficou encantado, olhou, mas não se aproximou. Ela saiu numa estação e ele voltou várias vezes para tentar encontrá-la, mas nunca conseguiu. O metrô era o mesmo e o lugar também, mas o tempo não era mais. Dizem que sorte é você estar pronto para aproveitar uma oportunidade quando ela chega e você faz a sua parte.

Mesmo acompanhados de sorte, por serem pessoas com grandes talentos, foi necessário muito trabalho. Nada foi em vão e nada foi conquistado sem uma cota de sacrifício e renúncias. As adaptações às mudanças durante as várias etapas da vida tiveram um peso relevante na contagem positiva das conquistas.

Exatamente por isso é que o sucesso continua. Não há paradas na vida para os vencedores. Podem existir as pausas necessárias para ajustar os passos, mas é como um show que deve continuar. A vida depende destas pessoas, que realizam, que fazem diferença para outras vidas, que deixam um rastro de alegria, prazer e felicidade; que tornam a vida mais fácil, que não nos deixam esquecer por que somos únicos e especiais, cada um à sua maneira. O tempo lhes é infinito porque existirão para sempre.

Oscar Wilde escreveu: *"Neste mundo só há duas tragédias - uma é não conseguir o que se quer, a outra é conseguir."* Esta frase sinaliza que, por mais que nos esforcemos para obter o sucesso, ele não nos satisfará. Percebe-se que o sucesso que tanto perseguimos não satisfez e não trouxe o bem-estar em que se pensava. Depois de realizado um objetivo, naturalmente nasce outro dentro de nós porque estamos vivos.

O Rabino Harold Kushner disse que as nossas almas não estão sedentas de fama, conforto, propriedades ou poder. Estes valores criam problemas quando alcançados. Nossas almas têm fome do significado da vida, da aprendizagem de viver de tal forma que nossa existência tenha importância capaz de modificar o mundo ao menos um pouquinho, pela nossa passagem por ele. A fama e o sucesso estão nas marcas que deixamos nas pessoas com quem nos relacionamos ao longo da vida e nas ações que realizamos.

Nossos entrevistados mostraram-nos uma força de vida muito forte. Todos passaram por diversas situações e precisaram ter muita garra e disposição para ultrapassá-las. Foram experiências diferenciadas ao longo da vida e inúmeros desafios.

Temos a tendência de achar que por estas pessoas terem sucesso em algumas dimensões da vida, têm-no em sua totalidade. Não é bem assim. Todos precisam achar um significado maior na sua existência. Encontrar forças em bases sólidas, na família, nos amigos e na espiritualidade. Na juventude é natural perseguir o sucesso pelo que ele nos parece ser. Estamos mais atentos aos sinais externos de sucesso, com toda espécie de bens materiais que podemos adquirir.

Com o passar do tempo, o vazio na alma surge e uma voz interna alerta para o preenchimento, que traz o verdadeiro significado para nós. Ao caminhar pela vida com o tempo passando, vamos mudando nossos valores como seres humanos, compartilhando emoções, usando nossos talentos também para ajudar os outros, contribuindo para um mundo melhor. Com a maturidade, aprendemos a "ler a nossa alma" e, com este exercício, sermos mais íntegros com o que buscamos, queremos e fazemos.

Adlai Stevenson no livro A Chegada à Meia-Idade, diz:

"O que um homem sabe aos cinqüenta anos e não sabia aos vinte é, na sua quase totalidade, incomunicável. Todas as observações sobre a vida que podem ser facilmente transmitidas são tão bem-conhecidas por um homem atento, aos vinte anos, quanto por um homem chegado aos cinqüenta. Aos vinte, ele as recebeu todas, ele as leu, mas não as viveu. O que temos aos cinqüenta, e não tínhamos aos vinte, não é o conhecimento de fórmulas ou de palavras, e sim o de gente, lugares, ações, um conhecimento que não se adquire por palavras, mas pelo tato, pela vista, pelos sons, com vitórias, fracassos, insônia, devoção e amor – as experiências e emoções humanas desta vida, de si próprio e dos outros; e, talvez também, um pouco de fé e de reverência pelas coisas que não podemos ver."

O poema "Fausto", de Goethe, narra a história de um homem instruído e estudioso, mas que, ao chegar à meia-idade, temeroso, faz um pacto com o diabo e vende-lhe a alma por toda a eternidade.

Goethe passou a vida escrevendo esta obra. Começou aos vinte e, nesta época, o personagem Fausto vive sem limites, com riqueza, poder, mulheres, mas não é feliz, permanecendo sempre insatisfeito.

Ao final da obra, Goethe está com 83 anos, e seu herói envelheceu com ele. Fausto passa a dedicar-se à comunidade, constrói diques e jardins para as pessoas trabalharem. Ele passa a satisfazer-se por necessidades mais grandiosas, alheias à sua pessoa. Isto tornou-o grande.

"Em vez de ser um Deus todo poderoso, sem limites e controlando tudo, ele se torna parecido com Deus, um Deus de criação, separando a água da terra, plantando jardins. E pela primeira vez, Fausto pôde dizer: 'deixe que este momento se prolongue... Ele é tão bom'" (Citado pelo Rabino Harold Kushner).

Não caminhamos para o sucesso... caminhamos com o sucesso. Ele está numa postura de vida que envolve ganhos, perdas, renúncias e conquistas. Trilhamos um caminho que não é definitivo, temos que estar abertos para novas necessidades e escolhas ao longo do percurso. Nosso compromisso é com o próprio bem-estar, com os que estão ao nosso redor e com o mundo. Ser bem-sucedido exige coragem para refletir e agir.

1. UM CONVITE À REFLEXÃO

As histórias relatadas fornecem-nos ferramentas para a construção da nossa história. Conforme vimos na primeira parte do livro, vários autores e pesquisadores do funcionamento psíquico humano e do comportamento, descrevem que, para avaliarmos a qualidade de nossa vida, temos que olhar as várias faces ou áreas a que estamos vinculados; o trabalho que desenvolvo, o que faço no meu tempo livre, como está minha relação amorosa e familiar. Há quanto tempo não ligo ou visito meu amigo? Fazer um trabalho voluntário, contribuiria para alguma causa social?

As histórias ouvidas mostram que a vida tem desafios, momentos felizes e sofridos e momentos de sucesso. Todo sucesso só é identificado como tal quando acompanhado de uma crise em que a pessoa viveu um dilema interno ou/e externo, mas fez deste momento uma possibilidade de crescimento. Algumas pessoas possuem características de personalidade que facilitam a passagem pelos (*millestones*) marcos importantes da vida, mas podemos desenvolver habilidades, de resiliência, tolerância, auto-estima e de crenças positivas. Aceitar o próprio funcionamento e criar estratégias para melhorar e ser feliz.

Para alcançarmos sucesso devemos ter atitudes. Para termos atitudes temos que saber o que queremos e para quê; como exercício de autoconhecimento e revisão de escolhas de vida. Conhecer os desejos, resgatar os esquecidos e desistir dos que não têm significado. A nossa proposta é que a leitura e a escuta das histórias relatadas, sejam aliadas a um movimento interno e impulsione você a procurar ajuda se necessário, conhecer-se mais, definir objetivos, criar metas em direção à felicidade.

Nesta época de ceticismo em que vivemos, precisamos ter fé. Temos que dar o primeiro passo e confiar em nós mesmos e em Deus. É assim que se realizam os grandes sonhos.

Rabino Henry I. Sobel
Presidente do Rabinato da Congregação Israelita Paulista

Alguns pensamentos e frases podem facilitar sua reflexão

- Determine os sonhos.
- Seja criativo.
- Enfrente os desafios.
- Estabeleça rumos e metas.
- Mantenha o foco.
- Organize a vida... Jogue ou doe o que não usa e deixe o novo entrar na sua casa e na sua vida.
- Faça sempre algo diferente.
- Defina prioridades.
- Quebre o vaso, se precisar e se for o problema, por mais lindo que seja!
- Desenvolva sua rede de apoio: amigos, familiares e um amor.
- Desenvolva habilidades e valorize as que já tem.
- Não resista às mudanças necessárias.

- Rume ao caminho do autoconhecimento.
- Compreenda seus desejos.
- Faça as "grandes pequenas" coisas da vida: um bom banho, uma comida gostosa, beije seu filho, pare e ouça sua esposa/marido, deite e relaxe.
- Faça algo para alguém: Se puder, doe cestas básicas, senão um quilo de açúcar.
- Ouça o que falam seus filhos, amigos e familiares.
- Fale o que acredita, mas lembre-se: existem maneiras e maneiras de se falar a mesma coisa.
- Viva com intensidade.
- Não se conforme com os problemas sociais, mas faça o que é possível. Senão vai se perder e não fazer nada.
- Faça críticas construtivas.
- Respeite o limite de cada um. Com algumas pessoas, falamos sobre receitas, com outras, sobre cinema e, que bom que com algumas, sobre tudo isto e mais um pouco.
- As mudanças não são mágicas. Tolere o tempo e celebre as conquistas diárias.
- Não tenha expectativas altas com relação ao outro.
- Nunca deixe de acreditar.

2. AS ATITUDES DE SUCESSO NA MATURIDADE

"Você é capaz de fazer qualquer coisa se tiver entusiasmo. Entusiasmo é o fermento que faz suas esperanças subirem às estrelas. Entusiasmo é o brilho em seus olhos, o movimento em seu andar, o seu aperto de mão, o brotar irresistível de sua vontade e sua energia para executar as suas idéias." Henry Ford

Extrair o melhor da vida. Parece uma atitude difícil, um sentimento distante e nada fácil de se alcançar. O melhor é fazer daquele momento, um bom momento de vida! Saber lidar com emoções positivas, otimismo, confiança em si e nos outros, hábitos saudáveis, satisfação com o que faz, auto-estima elevada, e sucesso.

O desenvolvimento humano é algo inacabado. Sempre buscamos superar-nos, querer mais de nós e dos outros, até das condições ao nosso redor. Mas a cada passo, a cada empreendimento de nossa caminhada, paramos para avaliar e nos posicionarmos se, necessariamente, estamos na rota certa. Vem uma avalanche de questionamentos no processo. O que nos dá felicidade? As pessoas a nossa volta nos fazem bem? O que estamos realizando dá-nos prazer? O que verdadeiramente queremos? São avaliações individuais, mas como um termômetro, vão medir o calor das emoções, fazer-nos saber o que nos impulsiona, a febre dos desejos, o que aquece a alma e dá sentido à vida. Ao medir nossas forças interiores, fazemos um real balanço, equilibrando e ponderando a rota a seguir. Saímos mais maduros e, conforme ganhamos anos, podemos igualmente ganhar desenvolvimento. Maturidade é algo a se alcançar, valorizar a vida, os ganhos, reavaliar as perdas, ajustar caminhos, e partir para novos sucessos.

A vida de uma pessoa, suas atividades, as escolhas que faz, o seu modo de comportar-se, enfim, sua maneira de ser são influenciados pelo seu caráter e personalidade.

No amadurecimento (seja emocional, espiritual ou físico) temos que ultrapassar limites, ter forças para mudar de um estágio para outro. Amadurecer provoca conflito, que, por conseqüência, provoca uma crise de valores.

Crise é o ponto, no tempo, no qual se decide se um negócio ou um curso de ação deve continuar, ser modificado ou então terminar.

Crise, portanto, implica tendências: do passado ou do futuro, de oportunidade ou da adaptação, do equilíbrio, da evolução e do progresso. A crise da maturidade leva-nos a entender que chegou a hora de encarar novos valores, valorizar outros significados na vida.

"Maturidade é quando sentimos algo de mais profundo, de mais verdadeiro, de mais autêntico, que ainda não tem uma fisionomia bem-definida, mas que exige vir a ser conhecido" (La Sala Batá,1995).

É uma oportunidade para a auto-realização, que nem todas as pessoas sabem reconhecer. Harry Overstrett, no seu livro "A mente humana", diz que um sinal inconfundível de maturidade é a alegria de viver, *"onde o progresso da maturidade, é o progresso na direção da felicidade".*

"A maturidade não é uma meta, mas sim uma estrada", cita Michael Drury, dizendo ainda:

"Ouvi falar que a maturidade é o conhecimento, cada vez maior, de não sermos nem tão extraordinários e nem tão incapazes como antes acreditávamos."

O amadurecimento do nosso ser, a integração do que queremos com o que fazemos, é o que nos coloca em equilíbrio. Atitudes de sucesso são manifestações do nosso emocional, da nossa alma, das nossas ações e do mundo à nossa volta. Não como algo acabado, mas um eterno fluir no plano dos sentimentos e das manifestações. Temos que manter o desejo, a vontade e o sonho, mas também valorizar as conquistas e as "grandes pequenas" coisas do nosso cotidiano.

CAPACIDADE DE AMAR:

"O melhor modo de se animar é animando alguém."

Mark Twain

A verdadeira maturidade afetiva é alcançada pelo comportamento "oblativo", de saber oferecer. Sair dos seus próprios desejos e vontades e oferecer o seu lado bom, seu melhor a alguém. Sair do foco com seus próprios interesses e ver surgir no outro um despertar de atenção. É a capacidade da pessoa oferecer felicidade, afeto e amor; enxergar o outro, compreendê-lo. Surge uma forte empatia, que é a identificação com o outro.

"Dá a si mesmo aquilo que possui de mais precioso, dá uma parte da sua vida... dá alegria, o seu próprio interesse, o próprio bom-humor, a própria tristeza, todas as expressões e manifestações daquilo que possui de mais vital. Dá a sua própria compreensão, afeto, sua companhia, oferece proteção, consolação, calor, ternura..." (Erich Fromm: "A arte de amar".)

Na maturidade, se estamos funcionando mais harmonicamente, podemos manifestar esta natureza de comportamento, que na sua magnitude integre a emoção e a espiritualidade, convergindo para estágios humanos mais elevados. Mesmo no dia-a-dia, com a vida atribulada, a necessidade da luta e da sobrevivência material, devemos ter uma força interior que impulsione para atitudes de grandeza da alma, da bondade embutida que brota em nossos corações, e nos faz sentir emoções e vibrações de natureza elevada.

"Ainda que eu falasse a língua dos homens e dos anjos, e não tivesse amor, seria como o metal que soa ou o sino que tine... E ainda que tivesse o dom da profecia, e conhecesse todos os mistérios e toda a ciência, e ainda que tivesse a fé, de maneira que transportasse os montes, e não tivesse o amor, nada seria..." (Bíblia – Carta de São Paulo aos Coríntios,13.)

O se humano tem a singularidade dos sentimentos. No final do filme "Cidade dos Anjos" (Brad Silberling, 1998), um anjo pergunta a Set (personagem interpretado por Nicolas Cage) se valeu a pena ele abrir mão da imortalidade pelo amor. Ele respondeu que por um beijo e pelo fato de sentir a mulher amada faria tudo novamente. No começo do filme, quando ele era anjo, não sentia emoções, inclusive dor, mas também não sentia o gosto das frutas, o perfume das flores e o toque de alguém.

A CONVIVÊNCIA SOCIAL

"Quem tem um amigo tem um tesouro."

Saint Exupéry

Relacionar-se em sociedade não quer dizer interdependência, ou ter que abrir mão da sua liberdade e autonomia pelos outros. Mas viver em sociedade é saber atender compromissos à sua volta, olhar a comunidade, criar vínculos e responsabilidades com o mundo que nos cerca. Saber usufruir e até criar mecanismos que nos dêem suporte para viver melhor.

Sempre deveríamos ter em mente que não estamos sozinhos, que estamos ligados a um número infinito de pessoas, unidos por fios invisíveis, porém reais, com nossos semelhantes.

Às vezes, entramos em conflito com o que queremos ser e aquilo que devemos aparentar ser para nos ajustarmos ao convívio social, às exigências da sociedade por um padrão de comportamento. A boa adaptação social leva-nos a poder definir dois comportamentos saudáveis para uma vida com mais sucesso e harmonia: a consciência de sermos pessoas únicas, e a de sabermos reconhecer-nos como seres sociais, com a possibilidade de estabelecer relacionamentos com nossos semelhantes.

O vínculo que se cria entre duas e mais pessoas permite a compreensão mútua, a expansão do ser humano da troca, da cumplicidade. E o que é a compreensão? *É o interesse vivo e sincero pelos outros, pelos problemas alheios, que nos impele a penetrar no coração do outro.* A verdadeira natureza humana é solidária, é associativa, busca a comunicação com seu próximo, recebe e oferece ajuda.

A IMPORTÂNCIA DA FAMÍLIA

"Você é responsável por aquilo que cativa."

Saint Exupery

O desenvolvimento da personalidade, assim como as primeiras manifestações da sociabilidade humana, originam-se na família. Os laços geracionais, hoje, chegam a quatro ou cinco gerações. Na maturidade, a família é o suporte central de apoio social, suprindo o suporte emocional e fazendo com que as pessoas, com o passar do tempo, adquiram novos papéis sociais e valorizem sobremaneira o convívio familiar.

As relações tornam-se mais construtivas e gratificantes. segundo pesquisa realizada entre avós e netos, com forte interesse em intensificar o relacionamento, disseram muitos durante as entrevistas. Avós na atualidade cuidam e até detêm a guarda de netos. O vínculo torna-se forte e intenso quando convivem, trabalham, estudam juntos e buscam atitudes em comum. Netos sentem muito orgulho dos avós, que se mantêm ativos e participantes. Há espaço na relação para cumplicidade, mas principalmente paciência e tempo, valorizando e intensificando o convívio.

Olhar e entender o contexto histórico social que as diferentes gerações da família pertencem. No livro *Laços de Família*, de Clarice Lispector, o conto *Feliz Aniversário* retrata uma festa realizada para uma avó, na qual toda família está reunida. Deixam a avó horas diante do bolo porque é mais fácil e ela observa a cena de que não escolheu fazer parte. Embora toda família tenha sua dinâmica própria, cada um é um indivíduo com a história da época de que faz parte, fortemente influenciada por padrões morais e culturais.

Hoje em dia, surge um novo modelo de dinâmica familiar chamado de "solidariedade intergeracional", no qual avós fazem para os filhos só esperando que estes façam para os netos. Mas os filhos e netos também fazem pelos avós, recriando experiências, construindo uma identidade familiar nova, com mais apoio e afetividade, buscando a continuidade dos laços familiares.

A família é um grupo mutável. Hoje, as famílias nucleares são menores, formadas pelo casal e um ou dois filhos. Com o advento do divórcio, existem novas formações familiares, filho do primeiro casamento do pai e da mãe, e novos filhos da segunda união. Há também famílias chefiadas por mulheres, filhos sendo criados pelos pais. Todas as formas são possíveis desde que exista afeto e respeito. Que seja um lar que, de fato, acolha e faça a criança desenvolver-se e ser uma pessoa – e cidadã – do bem. É claro que a separação conjugal não é tranqüila, as pessoas sofrem, mas que seja formada uma nova família saudável, seja uma mãe e os filhos, os pais e os filhos, novo casamento e os filhos... A família é o primeiro grupo de que o indivíduo faz parte. Ele irá reproduzir em outros grupos ao longo da vida, na escola, no trabalho, entre outros, sua forma de se posicionar, afetando outras pessoas.

Durante anos de experiência em um hospital psiquiátrico, pudemos perceber, nos grupos operativos, segundo a técnica e teoria do psicanalista

Pichon Riviere de que as pessoas falam de uma tarefa, colocam subjetivamente sua singularidade e são portadores da voz grupal, como as pessoas trazem dentro de si seus modelos familiares presentes.

O livro "Quando os pais se separam", de Françoise Douto, coloca a importância de se manter as relações pai-filho e mãe-filho sempre. Podemos ter ex-mulher ou ex-marido, mas nunca ex-filhos. Nossos pais estão dentro de nós influenciando as relações que temos na vida. Vimos, nos entrevistados, como mães e pais podem determinar o futuro de um filho. Cuide!

A relação entre as gerações é uma forma de transferência afetiva, uma forma de continuidade para gerações futuras.

O TRABALHO

"*Todo progresso sério é lento.*"

José Zeferino Lasca

As pessoas que desenvolvem um trabalho de que gostam, continuam com toda a determinação a querer exercê-lo. A paixão por escolher o que se gosta é vital para manter-se ativo, dinâmico e produzindo. Quem se encaixa neste perfil, fica melhor com a maturidade. Sabe o que quer, onde quer chegar. Se o tempo torna-se mais curto, as atitudes são concentradas no presente.

O contexto do trabalho tem mudado significativamente. As exigências são muitas e é preciso atualizar-se constantemente. Tenha a convicção de que todos têm um enorme potencial para oferecer e contribuições valiosas do seu saber e experiências adquiridas.

O importante é manter a disposição e valorizar as competências. Estas características independem de idade para quem tem disposição e talento na vida.

Algumas pessoas que entrevistamos puderam dedicar-se a uma única profissão a vida toda, outras mudaram, e algumas tiveram que realizar mais de uma até se estruturarem e então dedicarem-se à escolha mais prazerosa. Até na mesma carreira, muitas vezes, são precisos anos de investimento para selecionarmos e decidirmos do que gostamos mais e o que merece maior dedicação. É importante respeitarmos este processo.

O trabalho voluntário leva as pessoas na maturidade a uma grande satisfação interior. Muitos falam que é a recompensa para tudo que tiveram de bom.

O voluntário doa seu tempo, trabalho e talento de maneira espontânea à uma causa de interesse social. O voluntário identifica uma causa e atua sobre ela com alto grau de envolvimento e satisfação pessoal.

Na maturidade, ser voluntário, segundo vários entrevistados, traz satisfação pessoal, oportunidade de se manter ativo e integrado socialmente, faz exercer o papel de cidadania, dá motivação de vida e expressa afeto ao próximo.

Este é o caminho a percorrer, dar valor ao tempo vivido e ao por viver.

"Há tempo para nascer, e tempo para morrer: tempo para plantar, e tempo para colher...Tempo de espalhar pedras, e tempo de juntar pedras: tempo de abraças, e tempo de afastar-se de abraçar...". Eclesiastes 3- Bíblia

LAZER, TEMPO LIVRE E SENTIDO DA VIDA

"Não é porque as coisas são difíceis que nós não ousamos; é porque nós não ousamos que elas se tornam difíceis."

Sêneca

Na segunda metade da vida, com a chegada da maturidade, estamos mais abertos a novas experiências de auto-realização. Jung chamou este processo de "individuação", que é a busca por desejos interiores e expressões autênticas que brotam espontaneamente. Desejos de praticar atividades lúdicas, como artesanato, pintura, praticar um *hobbie* criativo. Percebemos novos dons que vêm do fundo da alma.

O pensador Arthur Schopenhauer descreve este momento como a sabedoria do bem-estar. Ele denomina de *"calma intelectual"*, que é a essência da felicidade interior, uma grande paz de espírito, que invade e equilibra mente e corpo.

Esta harmonização interior na vida moderna tão cheia de turbulências só é possível através de atividades lúdicas e de lazer, no tempo livre de cada um, onde se escolhe o que se quer e se gosta de fazer, pois são muitas as obrigações indesejadas que bloqueiam nosso processo criativo e espontâneo no dia-a-dia.

"O entretenimento libera a alma do ser humano, no tempo livre as preocupações se relativizam", diz Anne Brennan no livro "Meia-idade e Vida".

Divertir-se é celebrar a vida e, neste estado de ânimo, contagiar o mundo à sua volta com alegria e felicidade.

Nesta etapa de vida, pode-se descobrir os reais talentos, vocações e habilidades, crescer espiritualmente, estar aberto para os estímulos artísticos, intelectuais e emocionais, que darão muito prazer e satisfação.

É preciso aproveitar o discernimento que a maturidade traz para renovar-se e buscar novas e autênticas descobertas de bem viver.

"Um homem é um sucesso se pula da cama de manhã, vai dormir à noite e, neste meio tempo, faz o que gosta." Bob Dylan

DINHEIRO E FINANÇAS

"A melhor proteção para um futuro confortável é um forte planejamento financeiro."

Kenneth Morris

O dinheiro faz parte da vida e não deve ser um problema e sim ser um apoio para que as demais esferas da vida sejam usufruídas com tranqüilidade. Muitas carreiras profissionais não tem na grade curricular a disciplina de como lidar e ganhar dinheiro e ou organizar as finanças. Se a vida financeira for vista também como algo mágico e um dom, as pessoas que tem a sorte de ter contatos com bons economistas vão bem e as outras não. Hoje existem livros, cursos e sites que orientam as pessoas a divulgar seu trabalho e ganhar com ele sem perder a ética e o profissionalismo.

Mais uma vez tolerar é fundamental. No momento que as pessoas se formam e começam a ganhar se perdem nos desejos de consumo e muitas vezes são guiadas pelo desejo social e do outro de comprar e comprar... O livro Pai Rico Pai Pobre (Robert T. Kiyosaki, Sharon Lester, 2000, Campus) nos orienta sobre a importância de investir uma grande parcela do salário e rendimentos em ativos, que significa criar novas oportunidades de aumentar as entradas mensais, e conter o aumento de despesas fixas, até o momento que o crescimento das entradas possibilite que os luxos e desejos de consumo sejam possíveis sem dívidas ou grandes esforços.

Segundo economistas o problema financeiro na pessoa física está na falta de organização. Muitas pessoas passam por dificuldades reais como doença, perda de emprego, entre outros, mas, a maior parte tem dificuldades financeiras por não manter o foco em seus objetivos, gastar mais do que ganha independente da receita ser alta ou baixa. Existe um desequilíbrio entre a receita e despesas e na administração financeira própria. Outro fator está na falta de conhecimento, em empréstimos ilusórios com juros altos ou ao contrário em aplicações em fundos de investimento com taxas de administração altas também. A pessoa perde dinheiro porque não tem para o consumo e o tem mas aplica mal.

É importante manter o foco, administrar a receita e as despesas, planejar, ter metas. Direcionar a aplicação de seus bens. Ficar de olho nos juros e negociar, se necessário. Em caso de crise enfrentar o problema eliminar as dívidas com juros muito altas e negociar, mas, acabar definitivamente com este jeito de funcionar e fazer da vida financeira algo bom e simples. Conhecer, perguntar, entender de aplicações, planejar aposentadoria, etc.

Sente com a família, faça um orçamento das entradas e despesas. Corte gastos fixos, se necessário, sem se achar a grande vítima do ano. Faça ajustes! Seja criativo! Na época do "apagão" todo mundo aprendeu a cortar gastos com a luz, e muitas pessoas se divertiram com as medidas e continuam a manter os hábitos adquiridos sem privações e de forma natural.

SOBRE INVESTIMENTOS

O que difere um investimento é o grau de risco desse em função do retorno no tempo. Dado um risco, o investidor prefere o investimento de maior retorno. Dado um retorno, o investidor prefere um investimento de menor risco. Essa é a regra de investimento.

Exemplo:

- ➢ Poupança – O governo defini a taxa. Hoje está 0.5% + TR a.m
- ➢ Ações – O mercado defini a taxa. Depende de política interna, externa, administração da empresa,etc.
- ➢ Títulos públicos – O Governo vende títulos para captar dinheiro no mercado para pagar suas contas. Hoje isto se defini pela Taxa Selic do banco Central , hoje está em 16.75% a.a
- ➢ Fundo de investimento – São investimentos que os bancos fazem em ações + Títulos, e cobram uma taxa de administração por isso. A taxa é a taxa média da carteira de investimentos.
- ➢ Fundo de renda fixa – Quando o banco aplica o seu dinheiro e estabelece a sua renda, independente do mercado financeiro.

E dentro de cada fundo de investimento, seja ele ações ou renda fixa, existe graus de riscos variados.

Exemplo: Investir em ações do Banco X – risco baixo para ações
Investir em ação da Empresa Y – Risco alto para ações.

Por isso, mediante a grande variação de riscos e de investimentos a recomendação de especialistas (veja lista de livros abaixo) é de diversificar a sua carteira de investimento. Ou seja, ter investimentos em ações, em títulos públicos e em renda fixa, por exemplo. Desta forma o risco é muito baixo ou até eliminado e o retorno é alto. Quando se fala em retorno alto sempre é em relação ao seu custo de oportunidade. Para isso tem a parábola do sorvete e do cobertor.

O comércio ideal é vender sorvete e cobertor na mesma loja. Porque vende bem o ano todo. No frio vende cobertor e não vende sorvete. No calor é ao contrário.

O mesmo serve para investimento. Não se deve investir em ações do Banco X e em ações do Banco W. Pois elas têm o mesmo comportamento. Deve-se investir em Banco e investir em petróleo, por exemplo, porque são dois tipos de investimento de comportamentos diferentes. Isso se chama correlação negativa – é quando ações do Banco X caem, não tem nada a ver com as ações da petrobrás. Então ter correlação positiva de investimento é ruim. (Consulta realizada com Marcus Gonçales – MBA/GV).

Dicas:

Sites:

http:/frugalliving.about.com

www.bbb.com.br/investimentos

Livros:

– *Administração financeira – Teoria e prática* – Atlas 2001 - Brigham, Eugene

– *Princípios da adiministração Financeira* – Atlas 1997 - Zoratto, Sanvicente

– *Guide to Planning your Financial Future, The All Street Journal* – New York, 2002. Morris, Kenneth, Virginia Morris.

DINHEIRO EM NOSSAS VIDAS

Se você perguntar para diversas pessoas o que o dinheiro significa para elas, encontrará muitas respostas diferentes. Assim como a relação que se tem com o dinheiro vai determinar a forma como o utilizamos, ganhamos, gastamos, investimos, aplicamos, poupamos.

Podemos agrupar em quatro, os motivadores monetários básicos: Liberdade. Segurança. Poder. Afeto.

Esta forma vai nos impulsionar às nossas escolhas e estilo de vida que o dinheiro pode satisfazer. Na verdade ela vai formar a nossa "personalidade monetária" e o que provoca a ânsia de ganhá-lo e gastá-lo.

Carreira, trabalho, amor, viagens, investimentos, jantares, presentes, plano de aposentadoria, investimento com educação, saúde, compra de imóvel, roupas, jóias, compras diversas, etc.

O sucesso depende em saber dosar as tendências para um equilíbrio, saber dirigir a vida financeira por objetivos, conciliar a complexa relação emocional-psicológica com a financeira, de maneira saudável.

MATURIDADE BEM-SUCEDIDA

Quem não compreende um olhar tampouco compreenderá uma longa explicação.

Mário Quintana

Saber desenvolver estratégias e dar seqüência a uma série de atitudes em relação a:

- Qualidade de vida
- Planos e metas
- Curiosidade por algo, sempre
- Habilidades e competências
- Auto-cuidado
- Auto-estima

Adotar o modelo *de vida* de *Seleção, Otimização e Compensação (Neri)* para desenvolver: atitudes e valores em relação ao trabalho, vida pessoal, social e familiar. Saber combinar as mudanças que ocorrem ao longo da vida com as capacidades e habilidades, além da manutenção das competências e características pessoais.

Ter qualidade de vida é valorizar sua saúde e saber cuidar de si e dos que estão à sua volta. Sentir-se necessário, que é uma das maiores necessidades psicológicas, pois é quando sabemos que estamos sendo úteis para alguém ou algo. É um sentimento de muita integridade e satisfação.

Acreditar em si mesmo e ter vários propósitos. É preciso saber o que se quer, como alcançar e, mesmo com os percalços da vida, manter-se no caminho, determinado pelas suas metas. Se você tem um objetivo, ele dará sentido à sua vida e você conseguirá satisfação no que realiza.

Dar novo significado à vida, tornar mais gratificante todos os momentos. Entusiasmar-se sempre, cuidar de não entristecer pelas coisas triviais. É como diz a escritora Lia Luft: *"Saiba separar o que é drama e o que é aborrecimento."* Muitas preocupações que nos mobilizam e tomam energia são passageiras, desgastamo-nos à toa.

Temos que aprender com o tempo vivido. Ele nos ensina sobre o que é importante. Ele nos permite ofertar valor ao que realmente tem valor. A pessoa não pode só crescer em idade, deve crescer em maturidade e aprender com a vida. Cada experiência acumulada seria um troféu. Medalhas de ouro, prata e bronze para como nos saímos diante das situações vividas. Soube-se enfrentar sem amargura, dor, rancor, mas com coragem e bravura, mais pontos acumulados na jornada empreendida. A subida ao pódio é triunfal. É aquela etapa superada, quando não vislumbrávamos saída e, de repente, o fato é passado e o futuro, tão incerto, vira o presente.

Na vida precisamos conhecer diferentes experiências e passar por elas, mas confie que elas sempre serão superadas por outras que virão sucessivamente e deixarão você mais fortalecido. Crescer em maturidade também é aprender que o passado deve ser renunciado a cada dia, a cada hora, porque o próximo momento já será diferente, seu modo de ver as coisas também não será mais igual. Você já se transformou, algo diferente em você nasceu. As chances de novos e mais nascimentos vão surgindo, portanto, avançar em idade não deveria entristecer, mas conter a celebração de novas descobertas e esperanças.

Nesta época em que a vida prolonga-se como um presente, há tempo para resgatar os sonhos adormecidos. Nunca é tarde para procurar novos rumos.

Vá em frente. O sucesso te espera!

FAÇA UM BALANÇO DE SUA VIDA
INVENTÁRIO DE SUCESSO

Neste momento, você vai refletir sobre a sua história, criar estratégias e ter atitudes para ter sucesso no seu dia-a-dia. Agora você será o escritor, o diretor e personagem principal. Escolha bons atores para trabalhar com você, afinal esta é a sua vida. Escreva um enredo de que você se orgulhe. Faça com que sua história, quando ouvida, acrescente algo a alguém. Boa sorte!

NA MINHA INFÂNCIA, EU TINHA HABILIDADE PARA:

1.

2.

3.

NA MINHA JUVENTUDE, EU TINHA HABILIDADE PARA:

1 -

2 -

3 -

HOJE, EU SEI QUE FAÇO BEM FEITO:

1 -

2 -

3 -

SONHOS

SONHOS DO PASSADO	SONHOS DO PRESENTE	SONHOS QUE POSSO RESGATAR
1 -	1 -	1 -
2 -	2 -	2 -
3 -	3 -	3 -

MINHAS QUALIDADES MAIS IMPORTANTES:

1 -
2 -
3 -

MINHAS QUALIDADES MAIS IMPORTANTES SEGUNDO MEUS AMIGOS:

1 -
2 -
3 -

MINHAS QUALIDADES MAIS IMPORTANTES SEGUNDO MINHA FAMÍLIA/MEU CÔNJUGE:

1 -
2 -
3 -

MINHAS QUALIDADES MAIS IMPORTANTES SEGUNDO MEUS COLEGAS DE TRABALHO/SÓCIOS:

1 -
2 -
3 -

MINHAS DIFICULDADES QUE IMPEDEM MEU DESENVOLVIMENTO:

1 -
2 -
3 -

MINHAS DIFICULDADES SEGUNDO MINHA FAMÍLIA/ MEU CÔNJUGE:

1 -
2 -
3 -

MINHAS DIFICULDADES SEGUNDO MEUS COLEGAS DE TRABALHO/SÓCIOS:

1 -
2 -
3 -

MINHAS DIFICULDADES SEGUNDO MEUS MELHORES AMIGOS:

1 -
2 -
3 -

PONTOS COMUNS CITADOS NOS QUADROS ANTERIORES:

QUALIDADES	DIFICULDADES
1 - 2 - 3 -	1 - 2 - 3 -

FAÇA UMA REFLEXÃO SOBRE O CONTEÚDO DOS QUADROS ANTERIORES E TENHA UM OBJETIVO CLARO:

O QUE EU QUERO PARA A MINHA VIDA?

PROJETOS:

- **SAÚDE:**
- **TRABALHO PROFISSIONAL:**
- **AMOR:**
- **ESPIRITUALIDADE:**
- **RELACIONAMENTOS SOCIAIS:**
- **ESTUDO:**
- **FAMÍLIA:**
- **TRABALHO VOLUNTÁRIO:**
- **LAZER E TEMPO LIVRE:**
- **FINANÇAS:**

ATITUDES – SAÚDE

1 -
2 -
3 -

ATITUDES – TRABALHO PROFISSIONAL

1 -
2 -
3 -

ATITUDES – AMOR

1 -
2 -
3 -

ATITUDES - ESPIRITUALIDADE

1 -

2 -

3 -

ATITUDES - RELACIONAMENTOS SOCIAIS

1 -

2 -

3 -

ATITUDES - ESTUDO

1 -

2 -

3 -

ATITUDES – FAMÍLIA

1 -
2 -
3 -

ATITUDES – TRABALHO VOLUNTÁRIO

1 -
2 -
3 -

ATITUDES – LAZER E TEMPO LIVRE

1 -
2 -
3 -

ATITUDES – DINHEIRO E FINANÇAS

1 -
2 -
3 -

MINHAS ATITUDES PARA UM MUNDO MELHOR

1 -
2 -
3 -

Referências Bibliográficas

BATÁ, ANGELA MARIA LA SALA. *Maturità Psicológica*. Editora Pensamento, 1995.

BERRY, WEST. Cognitive Sef-efficacy in Relation to Personal Mastery and Goal Setting across the Life Span IN: *International Journal of Behavioral Development.* 1993, 16(2), p. 352-379.

BRENNAN, ANNE E BREWI, JANICE. *Meia-Idade e Vida*. New York: Paulist Press, 1985.

CASTRO DE ANGEL. *La Tercera Edad Tiempo de Ócio y Cultura.* Madrid: Ministério de Asuntos Sociales, 1990.

CHIAVENATO, IDALVERTO, *Construção de Talentos.* Rio de Janeiro: Editora Campus, 2002.

FADIMAN, FRAGER. *Teorias da Personalidade.* São Paulo: Editora Harbra, 1979.

FAJARDO, ELIAS. *A Paixão do Ofício, o Ofício da Paixão.* São Paulo: Editora Senac, 1999.

GOLDSTEIN. *Stress e Coping na Vida Adulta e na Velhice. IN: NERI. Psicologia do Envelhecimento.* Campinas: Papirus, 1995.

JOHNSON. *Quem mexeu no meu queijo?* Rio de Janeiro: Editora Record, 1998.

FISKE, MARJORIE. *Meia-Idade... A Melhor Época da Vida?* Wilmstad, Curaçao: Multimedia Publications, Inc. 1979.

KUSHINER, HAROLD. *Quando Tudo não é o Bastante.* São Paulo: Livraria Nobel, 1986.

MASI DE, DOMENICO. *O Ócio Criativo.* Rio de Janeiro: Editora Sextante, 2000.

MORAGAS MORAGAS, RICARDO. *Gerontología Social: Envejecimiento y Calidad de Vida*. Barcelona: Editorial Herder AS., 1991.

MORRIS, KENNETH, VIRGINIA MORRIS. *Guide to Planning your Financial Future, The All Street Journal,* New York, 2002.

NERI. *Palavras-chave em Gerontologia.* Campinas: Alínea, 2001.

NERI. *Psicologia do Envelhecimento.* Campinas: Papirus, 1995.

OSHO. *Após a Meia-Idade: Um Céu Sem Limites*. São Paulo: Editora Gente (tradução), 1997.

O'DONNELL. *Caminhos para uma Consciência mais Elevada*. São Paulo: Editora Gente, 1996.

ROLIN, FORTI. *Envelhecimento e Atividade Física. Auxiliando na Melhoria e Manutenção da Qualidade de Vida.* IN: DIOGO, NERI, CACHIONI. Saúde e Qualidade de Vida na Velhice. Campinas: Alínea, 2004.

STAUNDINGER, FREUND, LINDE, MAAS. Self, Personalirty, and regulation: Faces of Psychological Resilience in Old Ange. IN: BALTES, MAYER. The Berlin Aging Study. Aging from 70 to 100. Cambridge: Cambridge University Press, 1999.